90년대생
경찰일기

90 × 경찰
년대생 일기

아무도
말하지 않았던

경찰공무원
이야기

· 늘새벽 지음 ·

일에일북스

경찰관을 꿈꾸는
MZ세대를 위하여

대학교 졸업을 앞두고 앞으로 무엇을 해서 먹고살지 고민이 많았다. 환경공학을 전공하고 교수님들이 하라는 대로, 선배들이 했던 대로 대기환경기사·수질환경기사 자격증을 취득했지만 진로 문제에 대한 고민은 해소되지 않았다. 환경 분야와 관련된 무료 국비지원 교육도 듣고, 관련 기업에서 잠시나마 인턴도 해봤지만 늘 왠지 모르게 불안정했다. 톱니바퀴처럼 '기업'을 위해 일하는 단순한 삶을 살고 싶지 않았다. 기업이 아닌 '사람'을 위한 일을 하고 싶었다.

고민 끝에 경찰공무원 시험에 도전하게 되었다. '공무원'이라는안정적인 직업적 장점과 함께 사람과 공익을 위해 일한다는 부분이 크게 와닿았다. '그래, 나는 사람을 위해 일하는 사람이 되겠어!' 하는 거창한 포부를 품고 맹목적으로 시험 준비를 시작했다. 그렇게 3년간 시험 준비를 하면서 떨어지기도 많이 떨어졌다. 응시 횟수가 늘어날수록, 불합격이 반복될수록 그간 공부한 것이 아깝다는 생각에 필사적으로 시험에 매달렸다. 그러다 '이젠 정말 더 이상 못 해먹겠다.' '이 정도면 해볼 만큼 해봤다.' 하는 생각이 들 때쯤 합격했다. 일말의 후회 없이 모든 노력을 쏟아부었던 마지막 시험에서 덜컥 합격해버린 것이다.

힘들었던 수험기간도 끝났으니 이제는 마냥 행복한 일만 펼쳐질 줄 알았다. 내 힘으로 돈도 벌고, 입고 싶었던 멋진 근무복도 입고, 나름대로 보람 있는 일이라는 생각에 하루하루가 행복할 것만 같았다. 그런데 왜일까? 그토록 바라던 공무원 시험에 합격했지만 벅찬 합격의 기쁨도, 모든 걸 훌훌 털어버릴 만큼의 여유도 느낄 수 없었다. 남들은 합격자 명단에서 자신의 수험번호를 찾으면 눈물부터 왈칵 터져 나오고, 그간 즐기지 못했던 것을 즐기려고 밖으로 나간다는데 나만 유독 그럴 수 없었다.

남들이 다 즐기는 그 시간에 나는 책을 읽고 글을 썼다. '나' 자신을 들여다보면서 힘들게 공무원이 되었는데도 왜 기쁘지가 않은지, 왜 이렇게 마음이 허전한지 그 본질적인 이유를 찾으려고 애썼다. 그러다 공무원 시험을 보려고 마음먹었던 3년 전의 기억을 찬찬히 되짚어보았다.

이 책은 경찰이라는 직업에 대한 꿈과 희망만을 이야기하진 않는다. 나는 갓 들어온 신입에 불과하고, 아직 모르는 것투성이며, 배워야 할 것도 많다. 가끔은 이해하지 못하는 것도 있다. 즉 경찰이라는 직업을 이제 막 알아가는 중인 신입 순경일 뿐이다. 그저 신입의 시선에서, 젊은 세대의 시선에서 보고 느꼈는지 이야기하고 싶었다. 또한 우리 세대가 왜 공무원 시험을 준비할 수밖에 없는지, 왜 공무원 시험에 몰릴 수밖에 없는지 본질적인 이유부터 풀어내고 싶었다. 나도 그중 한 사람이었기 때문에 이 문제부터 정확하게 짚고 넘어가야 앞으로의 이야기도 할 수 있을 것 같았다. 그리고 각자의 이유로 공무원 시험에 뛰어든 청년들이 얼마나 치열하게 살고 있는지 이야기하고 싶었다. 누군가는 에너지 드링크를 몇 병씩 마셔가며, 식사하는 시간이 아까워 김밥으로 끼니를 대신해가며, 경제적인 문제로 아르바이트를 병행하며 공부를 한다.

공무원 시험을 준비하는 수험생이라면 누구나 한 번쯤 책상 앞에 '○○에 합격하자!' 등의 문구를 써 붙인 경험이 있을 것이다. 그런데 경시생들은 '경찰 합격!'이라는 문구보다는 '중앙경찰

학교 가자!'라는 문구를 훨씬 더 많이 써놓는다. 핸드폰 배경화면
도 '젊은 경찰관이여, 조국은 그대를 믿노라'라는 문구가 쓰인 중앙
경찰학교 사진인 경우가 많다. 본격적으로 경찰관 생활을 시작하
기 전에 또래들과 함께 어울리며 공부하는 공간이라 그런지, 시험
에 붙으면 설렘과 기대감을 안고 입교한다. 그래서 경시생이 선망
하는 중앙경찰학교 이야기도 빼놓을 수 없었다.

　　그런데 청춘을 바쳐가며 치열하게 공부해왔음에도 사실 경찰
공무원이라는 직업의 만족도는 그렇게 높지 않다. 그러면서도 공
무원이라는 이유 하나때문에 쉽게 그만두지도 못한다. 결론적으
로 90년대생 경찰공무원은 그다지 '행복'하지 않은데도 '안정적인
직장'이라고 위안하며 어떻게든 적응하려고 애쓴다. 왜 신임 경
찰공무원이 조직에 회의감을 가지는지, 열정적이어야 할 신임 시
절에 그토록 금방 질려버리는지, 그리고 경찰을 광고하는 학원가,
경찰을 소재로 한 드라마와 영화에서 심어주는 잘못된 환상 등에
대해서도 이야기하고자 한다. 경찰공무원을 꿈꾸고 있다면 당연
히 '공무원은 무조건 좋다.' 공식에서 벗어나 조금 다른 측면도 함
께 고려해야 하지 않을까.

　　물론 한탄만 하고 있을 수는 없다. '일'을 하는 우리는 행복하
지 않은 순간이 훨씬 더 많지만 그럼에도 불구하고 그 속에서 행

복을 찾아야 한다. 자신만의 신념을 바탕으로 역경을 이겨내야 한다. 관둘 수 없으니 어쩔 수 없이 적응하는 것이 아니라, 시야를 넓혀 나름의 이유를 부여해서 행복한 공무원이 되어야 한다.

경찰공무원으로서 원활한 생활을 하기 위해서는 자기만의 시간을 어떻게 보내느냐도 중요하다. 분명 직급, 팀원으로서의 '나'로 살아가는 시간이 훨씬 많겠지만, 우리는 틈틈이 스스로를 잘 보듬고 보살펴주는 시간을 가져야 한다. 그런데 우리는 그런 시간에 익숙하지 않다. 늘 쫓기듯이 하나의 목표만을 보고 달려왔고, 목표를 달성한 후에는 부여받은 계급으로 불리며 치열한 경쟁 속에서 살아가야 하기 때문이다.

여러분이 어느 한쪽에 치우치지 않고 '직업'과 '나' 사이에서 균형을 잃지 않기를 바란다. 그리고 이 책이 그 무게중심을 잡아줄 수 있는 주춧돌이 되기를 진심으로 소망한다.

늘새벽

차례

1장 90년대생이 공무원 시험에 몰릴 수밖에 없는 이유

2장 요즘 90년대생은 이렇게 공부합니다

3장 우리가 몰랐던 중앙경찰학교 이야기

4장 경찰공무원이 되면
과연 행복할까?

5장 신임 경찰,
행복을 찾다

6장 '순경'이 아닌
'나'를 위한 시간

우리는 대학 생활에서 무엇을 얻었을까? 시간과 돈을 1:1로 교환해서 얻은 돈으로 토익 공부를 하고, 해외여행을 다녀와서 우리에게 남은 것은 무엇이었을까? 그렇게 해서 원하는 곳에 척척 취업을 할 수 있었을까? 아니다. 동기들과 선배들이 하는 루트를 그대로 답습하며 남들이 하는 만큼만 했을 뿐이다. 왜 우리는 모두 같은 길을 보며 걸어왔을까? 아무도 우리에게 명쾌한 해답을 알려주지 않았기 때문이다.

90년대생이 공무원 시험에
몰릴 수밖에 없는 이유

아무것도 몰랐던
90년대생

아무도 우리에게 알려주지 않았다

#학원 #아르바이트 #토익 #자격증

대학 시절을 기억하는가? 놀고먹는 대학생이라는 말은 이제 옛말. 3개월 가까이 되는 방학이 다가오면 우리는 알바몬, 알바천국을 들락거리며 입맛에 맞는 아르바이트를 찾는다. 각자 단기 일자리를 찾는 이유는 다양하다. 여행을 가기 위해서, 학원에 다니기 위해서, 다음 학기에 쓸 생활비를 마련하기 위해서. 그렇게 아르바이트와 공부를 병행하며 90일 가까이를 바삐 보내고 나면 다시 개강을 맞는다.

대학교 생활도 별반 다를 것이 없다. 수강 신청을 할 때는 나의 성장을 도모할 수 있는 과목보다는 '최소 노력 대비 최대 학점'이 가능한 과목을 찾는다. 학점을 잘 받아 조금이라도 유리한 고지를 선점하기 위해서다. 수강 신청 경쟁이 치열한 과목은 과제도 별로 없고, 수업도 무난하다. 피하고 피했던 조별과제까지 해결하면 어느새 중간고사, 기말고사 시즌이 다가온다. 이렇게 나름대로로 열심히 공부해서 얻은 4.0 이상의 학점을 보며 만족스럽게 방학을 대비한다.

학기와 방학의 사이클을 수차례 반복하다 졸업이 다가오면 슬슬 취업 준비를 위한 시동을 건다. 남들 다 준비한다는 토익 공부부터 해야 한다. 우리가 왜 이것을 공부해야 하는지, 이 점수를 받아서 어느 기업에 사용해야 하는지, 기업에서 어느 정도 수준을 원하는지조차 모른 채 일단 시작한다. 옆에 있는 동기가 토익학원에 간다니까 따라서 등록하는 등 2년이면 만료되는 토익점수를 굳이 1~2학년 때부터 준비한다. 단지 미리 공부해놓으면 나중에 점수를 낼 때 수월하다는 이유에서다. 수업에 스터디에 과제까지 하다 보면 하루가 금방 지나간다. 토익학원 비용도 만만치 않아서 끼니를 삼각김밥과 컵밥으로 대충 때우기 일쑤다. 이렇게 우리는 삼각김밥에 청춘을 팔았다.

몇 년이 지나면 어느새 졸업 시즌이 다가온다. 학교 등록금, 학원 수강비, 생활비 모든 것을 제하고 나면 통장 잔고에는 남은 게 별로 없다. 졸업을 앞두고 대개 앞으로 직장인이 되면 여유롭게 시간 활용을 할 수 없다는 이유로 잔고의 티끌을 모아 해외여행을 가거나, 워킹홀리데이를 가곤 한다. 직장에 가면 우리의 자유를 회사에 바쳐야 하고, 회사를 위해 살아야 한다고 무의식중에 생각하기 때문이다.

졸업 후 나에게 남은 것은?
#기간만료토익점수 #무의미한졸업장

우리는 대학 생활에서 무엇을 얻었을까? 시간과 돈을 1:1로 교환해서 얻은 돈으로 토익 공부를 하고, 해외여행을 다녀와서 우리에게 남은 것은 무엇이었을까? 그렇게 해서 원하는 곳에 척척 취업을 할 수 있었을까? 아니다. 동기들과 선배들이 하는 루트를 그대로 답습하며 남들이 하는 만큼만 했을 뿐이다. 왜 우리는 모두 같은 길을 보며 걸어왔을까? 아무도 우리에게 명쾌한 해답을 알려주지 않았기 때문이다.

우리가 배운 것은 동일하다. 대학생이니 좋은 학점을 받고, 아르바이트를 해서 학과 관련 자격증을 취득하고, 토익점수를 만들고, 기분 전환 겸 해외여행에 다녀온 다음 좋은 직장에 취업하면 되는 것이었다. 아무도 우리에게 네가 정말 좋아하는 일이 무엇인지, 하고 싶은 일이 무엇인지 자기 자신에 대해 알아보라고 하지 않았다.

시간을 팔아 돈을 벌 줄만 알았다. 시급에 만족했지, 시간을 내 편으로 만드는 방법은 누구도 알려주지 않았다. 우리는 긴 시간을 보내고 나서야, 소중한 시간을 돈을 위한 노동력으로 치환하고 나서야 깨닫게 된다. 젊은 시절의 시간은 그 무엇과도 바꿀 수 없는 소중한 자산이었음을.

나 역시 마찬가지였다. 고등학교 때는 수능성적에 맞춰서 대학에 입학했고, 옆에 있는 동기들과 선배들처럼 학교 생활은 적당히 즐기고 취업을 위해 바삐 움직였다. 방학 시즌에는 아르바이트와 자격증 공부에 매달렸고, 학기 중에는 학과 수업에 충실했다. 내가 원하는 것이 무엇인지도 모른 채 토익점수를 만들었고, 방학이 되면 다시 아르바이트를 했다. 환경공학과였던 나는 소위 '쌍기사(기사 자격증을 2개 보유한 것을 이르는 말)'가 취업에 유리하다는 말에 대기환경기사·수질환경기사 자격증을 취득했다. 하지만 자격증은 공무원 시험 가산점에 사용한 것 외에는 제대로 써보지도 못한 채 종이 쪼가리가 되어버렸다.

몇 년이 후 나에게 남은 것은 종이 쪼가리가 되어버린 자격증, 기간이 만료된 토익점수, 가끔 누군가 묻는 학점, 학교와 학과의 이름만 찍혀 나온 무의미한 졸업장, 해외여행 사진뿐이었다. 왜 대학에 가야 하는지 명확한 목표 없이 입학했고, 4년이라는 시간은 금방 흘러가버렸다. 그래도 남들이 하는 건 다 해봤으니 괜찮다며 자기 위안을 삼아볼 뿐이다.

그래서 우리가 졸업 후에
#쟤는좀유별나 #사람사는거다똑같아

90년대생은 같은 길을 걸어왔다. 인생의 선배들은 사람 사는 거 다 똑같다며 위로 아닌 위로를 건넨다. 지금 와서 생각해보면 그 말이 위로인가 싶지만, 일단 그 위로에 대해서도 다시 곰곰이 생각해볼 필요가 있다. 위로를 건네는 사람들은 대개 현실에 순응하고 타협하고 살아온 이들이다. 그들은 꿈에 대해 고민하고, 꿈을 향해 달려가는 청춘을 보며 현실에 회의감을 느끼지 않았을까? 그 헛헛함을 '위로'라는 단어로 포장한 것은 아닐까? '유별나다' '평범하지 못하다' '남들만큼만 하라'는 말을 지겹게 듣고 자라온 90년대생은 가장 본인다운 모습이 인생의 오답인 줄 알고 그

것을 숨기며 살아왔다. 학교에서는 국영수사과를 기계적으로 배우고, 객관식 시험에서 정답을 고르는 방법만을 공부한다. 항상 문제 하나 더 틀리는 데 예민하게 굴며 남들이 정해준 '정답' 같은 인생을 따라가기에 급급했다.

십수 년간 배운 공교육에서는 우리의 생각을 열어줄 과목이 없었다. 시험을 위한 공부에 급급해 자신에 대해 깊이 성찰할 기회조차 없었다. 그래도 나 자신에 대해 알아보겠다며 진로적성검사, MBTI 같은 것을 해보지만 20년 가까이 알지 못했던 나를 단 몇 시간 만에 알아내겠다는 건 과한 욕심이 아닐까. 과연 몇 시간 만의 검사로 나를 규정할 수 있을까.

우리는 모두 성인이 되면 특별한 사람이 되어 있을 줄 알았다. 고층 빌딩 사이에서 오피스룩을 입고, 목에는 꿈에 그리던 회사의 사원증을 걸고 행복하게 길을 거닐 줄 알았다. 평일에는 멋진 회사 생활, 주말에는 나만의 취미를 즐기며 시간을 보낼 줄 알았다. 평범하게 회사를 다녀도 그 속에서 각자 꿈꿔왔던 환상이 있었을 것이다. 하지만 이제 그런 특별한 것은 바라지도 않는다. 단지 평범하게 회사에만 입사하고 싶을 뿐인데 그것마저 어려워졌기 때문이다.

졸업을 앞둔 90년대생이 맞닥뜨리는 현실

일한 만큼은 주셔야죠

#좋소좋소좋소기업 #마냥웃을수만은없는공감댓글

정답만을 좇아 달려온 90년대생은 그렇게 직장인이 되었다. 내가 한창 '우리 세대는 왜 졸업 후에 안정적인 직장을 원하게 되었을까?'라는 질문에 빠져 있던 어느 날. 한 가지 주제에 빠지면 그것과 관련된 것만 보이고 들리게 된다고 했던가. 붐비는 퇴근길 지하철 속에서 20대 중반쯤으로 보이는 한 여자의 전화 통화를 듣게 되었다.

"나 진짜 때려치울까? 여태까지 초과근무수당을 못 받고 일한 건 그렇다고 치자. 오늘 할 일을 다 해서 10분 정도 일찍 나왔거든? 그런데 사장이 뭐라는 줄 알아? 일찍 퇴근한 만큼 월급에서 빼겠대. 더러워서 진짜. 이거 고용노동부에 신고해야 하는 거 아니야?"

이야기를 들어보니 매일 밥 먹듯이 야근을 하고 오늘 하루 그나마 일찍 나왔던 것이었다. 그렇다. 법을 제대로 지키는 회사는 정말 드물다. 사기업에서 일하다가 공무원에 합격한 친구의 말을 들어보면 규모가 작은 사기업에서는 대부분 초과근무수당, 즉 야근 후에 그만큼 더 보상을 받는 것은 꿈도 못 꾼다고 한다. 공무원은 그래도 일한 만큼 정당하게 받을 수 있어 좋다며, 아무리 공무원이 바쁘고 힘들어도 일한 만큼 돈을 받을 수 있는 권리가 있으니 다행이라고 했다. 이처럼 기본적인 대우조차 받지 못한 채 일하고 있는 청춘들이 수두룩한 것이다.

그러면 그깟 회사 때려치우면 그만 아니냐고 반문할 수도 있다. 하지만 사회초년생은 경력을 채울 회사가 필요하다. 우리는 모두 〈미생〉의 '장그래'를 보며 혀를 찼지만, 사실 장그래는 양반이었다. 최근 유튜브 채널 '이과장'에서 연재하고 있는 '좋소좋소좋소기업'의 조충범 씨는 수많은 댓글에서 알 수 있듯이 현 시점의 우리네 모습을 적나라하게 보여주고 있다.

대체 어디서 경력을 쌓죠?

#응시자의자질은 #우수하나 #넌아니야

'경력직 우대'

경력을 쌓지 못한 졸업생을 죄인처럼 보이게 만드는 저 문구. 경력을 쌓을 기회를 부여받아야 그 경력이라는 것을 좀 쌓을 텐데, 우대 조건에 보이는 저 문구가 야속하기만 하다. 아르바이트 경험을 말하면 어디 그게 경험이냐며 요즘 아르바이트 안 하는 청년이 어디 있냐며 나무란다. 우리가 가고 싶은 기업과 관련된 아르바이트를 하라고 하는데 어디 그런 아르바이트 자리가 흔한가. 결국에는 가고 싶은 기업의 역량에 끼워 맞춰 자기소개서에 소설을 쓴다. 스펙을 그렇게 많이 쌓았는데 경력까지 요구하다니. 요즘 기업들은 신입 뽑을 생각이 없는 것만 같다. 경력이 없는 졸업생은 눈을 낮추고 낮춘다.

'귀하 응시자의 자질이 우수해 고민했고, 자질과 능력은 높게 평가되었으나 당사와 함께할 수 없음을….' 봐도 봐도 익숙해지지 않는 저 문구. 그런데 우리가 궁금한 것은 떨어진 이유다. 이유를 알아야 보완할 수 있기 때문에 '왜'를 알고 싶은 것이다. 그래야 다른 기업에 지원할 때 참고라도 할 수 있을 것 아닌가. 하지만 기업

은 아무것도 알려주지 않는다. 우리는 이유도 모른 채 다시 노트
북을 켜고 자기소개서를 고쳐본다.

그들에게 묻고 싶다. 그대들이 원하는 신입사원의 자질과 능력
은 무엇인가?

기업의 높아지는 기대감
#요즘애들은 #참을성이없어

AI, 증강현실, 언택트, 5G, 전기차 등은 세상의 급격한 변화를
대변하는 단어들이다. 각종 미디어에서는 제4차 산업혁명을 이야
기하며 이제 변하지 않으면 도태될 수 있고, 빠르게 혁신해야 한
다고 부추기곤 한다. 불과 몇 년 전만 해도 속도가 아니라 방향이
중요하다고 배웠는데 이제는 방향이 아니라 속도가 더 중요한 시
대가 되었다. 이러한 변화로 인해 기업들도 혁신을 도모하고 있
다. 그래서일까? 신입사원에 대한 기업들의 기대치는 자꾸만 높아
져간다. 그 기대에 부응해 취준생의 스펙은 상향 평준화되었는데
기업의 기대치에는 한참 모자란 모양이다. 이러한 간극 사이에서
취준생은 좀 더 나은 대우를 해주는 기업에 취업하길 바라고, 기
업은 보다 나은 신입사원을 뽑길 바란다.

누구를 뽑든 기업은 신입사원이 마음에 차지 않는다. 신입사원 역시 대우가 엉망인 기업이 마음에 들 리 없다. 결국 참지 못하고 신입사원이 기업을 떠나면, 기업의 90학번 세대는 요즘 애들은 참을성이 없다며 90년대생을 이해하지 못하겠다고 이야기한다. 이런 상황은 계속 반복된다. 이 간극은 취준생이 메워야 하는 것인가, 기업이 메워야 하는 것인가? 너도 좋고 나도 좋은 타협점은 없을까?

타이밍이라는 게 이런 건가요
#코로나19 #아르바이트도못해 #집콕

90년대생이 대학교를 졸업하고 마주하는 현실은 지금까지 거론한 이야기들 말고도 밤을 새워 말해도 모자라다. 하지만 우리는 계속 똑같은 일을 반복하며 출구 없는 터널을 걷는다. A라는 상황이 싫어서 방향을 바꿨는데, 또 A와 비슷한 상황을 마주하는 것이다. 누구보다도 열심히 살았다. 그런데 결국에는 그 화살이 나에게로 돌아온다.

졸업을 하고 사회로 나가면 격려와 축하를 받아야 한다. 여태까지는 누군가의 보호 아래, 학생이라는 이름 아래 보호를 받으며 생활했다면 이제 혼자 힘으로 완주해야 하는, 그 누구도 책임져주지 않는 사회 생활을 본격적으로 시작해야 하기 때문이다. 하지만 우리는 졸업식을 할 수 없게 되었다. 졸업식은커녕 마지막 학기는 코로나19로 인해 온라인 수업으로 대체되었다. 취업 준비를 하러 학원에 갈 수도, 도서관에 갈 수도 없었다. 그저 집에서 책상 앞에 앉아 벽만 보며 온라인 수업을 수강했고, 취업 준비를 해야 했다. 코로나19가 우리 삶을 더욱 힘들게 만들었다.

90년대생은 이미 역대 최고 실업률이라는 짐을 지고 있었다. 그 위에 코로나19가 짐을 하나 더해준 꼴이다. 코로나19 이전에도 묵묵히 최고 실업률이라는 현실을 받아들인 채 취업을 준비했다. 아르바이트를 하면서 기본적인 비용을 마련했고, 그 돈을 들고 취업학원에 다니며 자격증 공부를 했다. 하지만 지금은 아르바이트도 쉽게 구할 수 없게 되었다. 코로나19로 인해 가게들이 줄폐업을 하면서 가뜩이나 경쟁이 심하던 아르바이트 자리가 더 줄어들었기 때문이다. 잘 다니던 아르바이트마저 잘리는 사례가 속출했다. 사람은 기본적인 의식주가 해결되어야 심리적인 안정감이 찾아오는데 그마저도 위태로워진 것이다.

엎친 데 덮친 격으로 아버지는 실직하고, 다른 형제자매는 재택근무로 집에서 일하고, 동생은 학교에 가지 못해 집에서 수업을 수강한다. 집에서 마음 편하게 있을 수도 없는 상황이다. 그렇게 우리에게 졸업식은 최악의 기억으로 남았다. 그저 취업 준비만 열심히 하고 면접만 잘 보면 되는 줄 알았는데 생각하지 못했던 상황이 터져버린 것이다.

우리가 취업을 못 한 것은 스펙 탓도, 부모 탓도, 내 탓도 아니다. 그냥 타이밍이 안 좋았을 뿐이다. 그러니 자책하며 극도의 상황까지 자신을 몰아붙일 필요는 없다. 희망을 잃지 않고 정진하면 언젠가 터널 끝의 빛을 보게 되지 않을까.

철밥통은 갖기 더 어려워졌다
#많이뽑는다는데 #내자리는없다

공무원의 인기는 항상 좋았다. 그런데 코로나19가 그러한 추세에 불을 붙인 것 같다. 기업들은 신입사원을 뽑지 않고 인원을 감축하는 실정이다. 자신만의 길을 가겠다며 호기롭게 창업한 스타트업도 힘들기는 마찬가지다. 자영업은 어떠한가? 휴업과 폐업이 속출하고 있다. 경제는 최악의 상황이다. 고등학생들은 현실을 직시하고 졸업하자마자 공무원 준비를 한다.

지금까지 우리에게 경쟁자는 같은 또래의 졸업생뿐인 줄 알았는데, 이제는 더 많은 경쟁자들이 유입되었다. 잘 다니던 직장을 잃은 사람들, 폐업을 겪게 된 자영업자, 신입사원을 뽑지 않아 공무원으로 눈을 돌린 고학력자, 주요 과목에 강점을 보이는 고3까지 경쟁에 가세한 상황이다. 단지 취업이라는 목표 하나만으로, 의지 하나만으로 공시 시장에 뛰어들었던 우리와 달리 몇몇 이들은 공시 합격이 생존과 직결된 문제가 되었다.

안정적인 직장?
공무원이 최고지

오해하신 것 같습니다만

#욜로 #탕진잼 #플렉스 #오해입니다

'욜로' '탕진잼' '플렉스'는 어느 순간 MZ세대를 대표하는 단어가 되어버렸다. 현재를 즐기고 미래는 생각하지 않는다는 의미를 띄는 단어들이 MZ세대를 대표하게 된 이유는 무엇일까? 실제로 인스타그램에 해시태그를 검색해보면 각종 명품백과 외제차, 명품옷을 휘감은 다수의 MZ세대를 볼 수 있다. 나는 없는데 저들은 가지고 있다. 마치 대세를 따르듯 명품시계, 명품백 하나쯤은 '플렉스' 해야 할 것만 같다.

하지만 나를 비롯해 주변 친구들의 사례를 보면 욜로, 탕진잼, 플렉스에 대해 사람들이 오해하고 있다고 생각한다. 주말에 잠깐 시간을 내어 한강에서 라면과 맥주를 마시는 그 순간을 즐기고, 아웃렛에서 할인하고 있는 조금 비싼 옷을 가끔 몇 벌씩 구매하는 게 전부다. 우리 세대는 있는 돈을 다 써버리고 현재를 즐기지 않는다. 어느 정도 경제적 안정성을 위해 일부를 미리 저축한 다음 남은 돈으로 최대의 기쁨을 누릴 수 있는 방법을 찾아 즐겼을 뿐이다. 오히려 욜로, 탕진잼, 플렉스라는 단어를 깊이 파고들어가 보면 우리가 지금 이 순간만을 사는 '불안정'을 즐기는 세대가 아님을 알 수 있다. '안정'을 위해 최소한의 비용으로 현재를 즐기고 싶다는 뜻도 내포하고 있기 때문이다. 우리는 그 누구보다도 '안정성'을 원하는 세대다.

우리는 왜 안정성을 원하게 되었을까?
#IMF외환위기 #글로벌금융위기 #코로나19

왜 우리는 새로운 분야에 도전하지 않고 정년이 보장된 직업을 원하게 된 것일까? 이는 과거의 간접경험과 현재의 직접경험

■ 각 세대별 특징 비교

세대	70년대생	80년대생	90년대생
뜻	1997년 IMF 외환위기 직격탄을 맞은 세대	2008년 글로벌 금융위기 영향을 받은 세대	9급 공무원을 원하게 된 세대
입사 형태	신입공채 위주	신입공채 + 경력	경력 위주
구조조정 형태	일시 구조조정 (중간관리자 이상)	수시 구조조정 (사원급 포함 전 직급)	상시 구조조정 및 정규직의 비정규직화

자료: 『90년생이 온다』(임홍택 지음, 웨일북)

때문이다.

첫 번째 이유는 과거로부터의 학습이다. 우리는 1997년 IMF 외환위기를 겪으신 부모님에게 "안정적인 직장이 최고야." "교사가 되거라." "공무원이 좋다." 등의 말을 들으며 자랐다. 그렇게 우리 마음속에는 '안정적인 직장'이 최고라는 생각이 무의식적으로 자리 잡았다.

90년대생들은 이렇게 80년대생들이 수시로 진행되는 구조조정의 공포에 떠는 모습을 보았다. 이럴 때 과연 어떤 선택이 가장 합리적일까? 아마도 상시 구조조정의 공포에서 벗어날 수 있고, 향후의 불확실성을 최대한 피할 수 있는, 즉 인생의 기회비용을 최소화하는 선택일 것이다. 그리고 그것은 연공서열과 정년이 보장되는 공기업 혹은 공무원에 올인하는 일이었다.

_『90년생이 온다』(임홍택 지음, 웨일북)

우리는 부모 세대와 형제자매의 영향으로, 그리고 무의식적으로 안정적인 직장을 원하게 되었다.

두 번째 이유는 우리가 코로나19 세대이기 때문이다. 물론 코로나19 이전에도 실업률은 최악이었다. 그런데 코로나19 이후에는 잘 다니던 직장마저 언제 잘릴지 몰라 마음을 졸이는 신세가 되었고, 아직 취업하지 못한 이들은 아르바이트조차 구하기 어려워졌다. 미래가 통째로 흔들리기 시작한 것이다. 현실이 이렇게 불안정하니 안정적인 직장을 찾게 될 수밖에 없다. 실제로 공무원 시험 준비를 고려하고 있는 취준생의 수는 해마다 늘어났다.

최근 코로나19 여파로 취업 시장이 얼어붙으면서 공무원 시험을 준비하는 취준생이 급격히 늘고 있는 것으로 조사되었다. 잡코리아와 알바몬의 조사에 따르면 실제 취준생 10명 중 4명이 공무원 시험을 준비하고 있는 '공시족'인 것으로 조사되었다. 이 수치는 지난해 같은 조사에 비해 11.3%p 증가한 수치다. 전체 응답자 중 공무원 시험을 준비 중이라는 응답자도 36%로 나타났다. 앞으로 공무원 시험을 준비할 의향이 있다는 응답자도 49.1%로 절반

■ 취준생 공무원 시험 준비 현황

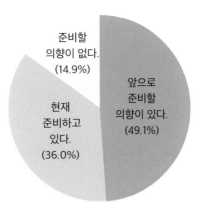

준비할
의향이 없다.
(14.9%)

현재
준비하고
있다.
(36.0%)

앞으로
준비할
의향이 있다.
(49.1%)

자료: 잡코리아, 알바몬

에 가까웠다. 반면 준비할 의향이 없다고 응답한 취준생은 14.9%
에 불과했다.

이러한 두 가지 연유로 우리는 안정적인 직장을 원하게 되었
다. 공무원은 정년까지 보장되는, 해고 통보를 받을 걱정이 없는
안정적인 직장이다. 큰 사고를 치지 않는 이상 능력이 부족해도,
근무 태만이어도 잘릴 걱정이 없다. 고용 불안 없이 정년까지 쭉
일할 수 있고, 신분 보장 하나만큼은 확실하다. 현실이 막막하고
불안해서 엄청난 부자는 아니더라도 평생 먹고살 걱정은 없는 공
무원을 원하게 된 것이다. 나 역시도 이러한 이유에서 자유롭지

못했다. 그런데 정말 안정적인 직장이 내 심신까지 안정적으로 유지해줄 수 있을까?

공무원이 워라밸의
끝판왕이라던데

밀레니얼 세대는 워라밸을 원한다

#퇴근하면 #전화하지마세요 #카톡금지

밀레니얼 세대는 특히나 워라밸을 중시한다. 워라밸은 '일과
삶의 균형(work-life balance)'이라는 뜻으로 밀레니얼 세대는 인
간다운 삶, 저녁이 있는 삶, 취미를 즐길 수 있는 삶을 추구한다.
이전 부모 세대 시절에는 일과 삶의 경계가 모호했다. 직장에서의
성공이 곧 삶에서의 성공이었다. 그렇기에 개개인의 자아 실현보
다는 직장에서 오래 머물며 성과를 내는 데 집중했고, 직장 내에

서 인정받기 위해 노력했다. 하지만 밀레니얼 세대는 직장과 삶의 명확한 분리를 원한다. 우리는 퇴근 후에 직장에서 걸려오는 전화를 잘 받지 않는다. 받을 이유가 없기 때문이다. 단체 카톡방도 잘 보지 않는다. 소위 '카톡 지옥'을 탈출하고 싶을 뿐이다. 젊은 세대는 이처럼 퇴근 후에는 직장과 분리된 자신만의 시간을 보내고 싶어 한다.

왜 밀레니얼 세대는 유독 워라밸을 추구할까? 왜 퇴근 후에 온전한 자기만의 시간을 갖기를 원하는 걸까? 밀레니얼 세대는 자신의 성장을 추구하는 '업글인간'이기 때문이다. 밀레니얼 세대는 보통 '본캐'와 '부캐'가 따로 있다. 하루 중 절반 이상을 보내는 회사에서는 본캐로, 퇴근 후에는 좋아하는 것과 잘하는 것을 즐기는 부캐로 활동한다. 요즘엔 유튜브 시장이 커지면서 자신이 좋아하는 것으로 콘텐츠를 만들어 부수입을 얻는 등 자기계발에 몰두하는 사람도 많다. 최근에는 공무원 유튜버도 증가하는 추세다. 꼭 수익을 얻기 위해 유튜브를 하는 것이 아니라 취미를 업그레이드하고 싶어서 채널을 운영하는 사례도 늘고 있다. 지속적인 운동으로 몸을 업그레이드하거나, 각종 강연과 독서로 지식을 업그레이드하기도 한다.

이러한 흐름은 결혼 상대의 조건에 대한 인식의 변화에서도 찾을 수 있다. 예전에는 상대방의 직업을 가장 중시한 반면, 최근에는 직업과 더불어 취미와 라이프스타일이 비슷한 상대를 원하는 추세다. 그만큼 직장에서의 삶이 하루의 끝이 아니라 퇴근 후의 삶까지 중시하게 된 것이다. 퇴근 후의 시간을 즐기기 위해선 일과 개인의 삶의 균형이 깨져서는 안 된다. 직장에서 필요 이상으로 에너지와 시간을 빼앗긴다면 저녁 있는 삶을 살기 어려울 것이다.

공무원을 직업으로 선택하는 이유 중 하나도 '칼퇴'가 보장되기 때문이다. 청년들이 공무원 시험에 몰리는 이유는 많은 일을 하고, 많은 돈을 벌기보다는 적게 벌더라도 적게 일하고 싶은 마음 때문인 것이다.

경찰은 워라밸을 유지할 수 있을까?
#비번야간 #일주일 #업무연장 #평일

그렇다면 경찰공무원은 일과 삶의 균형을 유지하면서 개인 시간을 즐길 수 있을까? 우선 워라밸을 유지하려면 '칼퇴'를 해야 한다(정시에 퇴근하는 것을 칼퇴라고 부르는 것이 조금은 슬프지만). 거의 대부분의 경찰공무원은 워라밸을 즐기고 있다. 내근직과 외근직, 지역마다 조금씩은 다르겠지만 주변 동기들과 선배들은 일과 삶의 균형을 잘 유지하고 있다. 이러한 장점 때문에 90년대생들이 공무원이 되려고 애쓰는 게 아닐까. 나 역시 인강 선생님께서 해주신 워라밸에 관한 이야기에 감명을 받아 수험 생활을 잘 견디고 공부에 전념했던 기억이 남아 있다. 워라밸과 관련된 지역경찰의 특징을 정리하면 다음과 같다.

1. 주말은 없지만 평일은 있다

중앙경찰학교를 졸업하면 우리는 현장이라 불리는 지구대와 파출소에 투입된다. 남들이 놀 때 같이 놀고, 일할 때 같이 일하는 시스템은 아니다. 주말에도 일하고, 명절에도 일해야 한다. 크리스마스에 일하게 되는 경우도 있다. 하지만 남들이 일하는 평일에 쉴 수 있다는 장점도 있다. 지역경찰의 업무 형태는 4교대, 3교대가 있다. 야간근무 날의 오전 시간과 야간근무 후의 비번 날을 잘 활용하면 충분히 여가 시간을 즐길 수 있다. 우스갯소리로 평일에 트레이닝복 차림으로 동네를 거니는 경찰공무원이 많아 이웃 주민들이 백수로 오해한다는 이야기도 있지 않은가. 물론 주말을 즐길 수 없는 것은 단점이지만 한산한 평일을 누리는 것은 장점이 되기도 한다. 인스타그램에서 핫한 공간에 가도 줄을 서지 않고 여유롭게 즐길 수 있고, 만원 지하철을 마주하는 일도 드물다. 은행 업무를 보기에도 편리하고, 여유 있게 헤어스타일을 바꿀 수도 있다. 바쁘게 돌아가는 일상 속에서 나 홀로 시간이 느리게 가는 것만 같은 여유를 만끽할 수 있다.

2. 업무 연장이 없다

또 하나의 장점은 업무 연장이 없다는 것이다. 지구대, 파출소는 업무가 연장되지 않는다. 업무 범위가 명확하게 정해져 있는 것이 아니라 그때그때 들어온 신고들을 처리하고 경찰서로 인계하는 식이다. 오늘 일어난 일은 대체로 오늘 끝나는 편이다. 가끔 퇴근 직전에 신고가 들어오는 경우를 제외하고는 정해진 시간에 출근하고, 정해진 시간에 퇴근할 수 있다. 성과를 내야 하는 특성도 없기 때문에 퇴근 후에는 업무와 관련된 생각을 하지 않고 온전히 나만의 시간에 집중할 수 있다. 물론 지역경찰이기에 가능한 일이다. 경찰서, 시·도경찰청, 경찰청에선 다르다.

3. 일주일가량 쉴 수 있다

직장인에게는 연가가 주어진다. 지역경찰은 연가를 1~2회 정도 쓰면 일주일 정도 쉴 수 있는 기회가 주어진다. 물론 연가가 한정되어 있기에 자주 사용할 수는 없다. 하지만 일주일가량 시간이 필요하다면 명절의 빨간 날을 기다리지 않아도 된다.

버킷리스트를 이루기 좋은 시간

#여행 #배움 #내시간

이러한 장점을 잘 활용하면 퇴근 후 부캐로 활동하기 참 좋다. 내근직을 염두에 두고 있다면 보통의 직장인과 비슷하게 시간 활용을 할 수밖에 없지만, 중앙경찰학교 졸업 후 지역경찰로 생활할 때는 자투리 시간을 이용해 버킷리스트를 하나씩 이룰 수 있다. 해외여행을 가거나, 무언가를 배우거나, 운동을 하는 등 계획만 잘 세우면 자기계발도 충분히 가능하다.

나 역시 시간을 잘 활용해서 글쓰기에 집중할 수 있었고, 이 밖에도 책을 읽거나 콘텐츠를 만드는 등 부캐로서 활발히 활동하고 있다. 젊은 날의 가장 큰 선물은 시간이라고 하지 않던가. 지금도 내가 하고 싶었던 일, 목표로 하는 일을 하나씩 이뤄나가고 있다. 생활이 불안정해 잠시 뒤로 미뤄둔 취미나 소원이 있다면, 경찰공무원의 장점을 최대한 활용해 하나씩 실행해보면 어떨까?

나 경찰공무원
시험 보려고

경찰공무원이 되기로 결심하다

#의무감이아니라 #내가선택한시험

경찰공무원 시험을 보기 전까지 나는 '의무감'으로 공부를 했
다. 초중고 때는 학생이라는 이유로 주변에서 공부하라고 하니까
당연히 해야 하는 줄 알았다. 그래서 '대학'이라는 목표 하나만 바
라보고 교과서를 들여다봤다. 부모님의 권유와 선생님의 감시 아
래 자의 반 타의 반으로 공부하며 학창 시절을 보냈다. 대학생이
되고 나서부터는 공부를 하건 말건 주변에서 뭐라고 하는 사람이

없었다. 학점이 낮게 나오든, 높게 나오든 간섭하는 사람이 없어 '의무적인 공부'에서 자유로웠다.

나의 의지로 선택해서 공부한 시험은 경찰공무원 시험이 처음이었다. 고등학교 때까지만 해도 공부를 썩 잘하는 학생도 아니었고, 공부에 흥미를 전혀 못 느껴서 공부하고 싶은 적이 한 번도 없었다. 그런데 경찰공무원 시험은 달랐다. 어느 누구도 나에게 시험을 보라고 강요하지 않았지만 오로지 경찰이 되겠다는 일념 하나로 스스로 책을 펼쳐 들었다.

학교는 등교 시간과 하교 시간이 일정하게 정해져 있다. 심지어 급식실에서 점심을 먹는 시간조차 정해져 있고 교복의 치마 길이, 바지통도 일정 수치를 넘어가면 그에 상응한 조치를 받는다. 고등학교 때는 공부에 방해가 된다는 이유로 학급에서 강제로 핸드폰을 수거하기도 했다. 등교와 동시에 핸드폰을 제출하고 하교할 때 받아가는 생활을 반복했다. 학교와 선생님에 의해 우리는 자유를 통제받았다. 대학 생활 또한 크게 다르지 않았다. 물론 내 선택으로 원하는 과목을 수강했지만 수업 시간까지 마음대로 조정할 수는 없었다. 학점을 받기 위해 하기 싫은 과제도 제출해야 했다.

경찰공무원 시험을 보기로 결심했다면 이제부터는 스스로 자신을 통제해야만 한다. 등교 시간도 하교 시간도 정해져 있지 않다. 인강으로 공부한다면 수업 시간도 자유롭다. 밥도 먹고 싶을 때 먹을 수 있다. 인강을 보면서 식사할 수 있고, 내키지 않으면 끼니를 건너뛰어도 된다. 주어진 24시간을 쪼개 공부, 식사, 휴식 등 모든 생활 루틴을 스스로 통제해야 한다.

나는 시간을 효율적으로 관리하기 위해 공부에 방해가 되는 SNS부터 끊었다. 독서실이나 도서관에 갇혀 공부하고 있는 상태에서 SNS를 보면 마음이 동요될 것 같아 그동안 해왔던 SNS부터 하나씩 정리했다. 친구들과의 연락도 최소한으로 줄였다. 정말 가까운 친구가 아닌 이상 굳이 시험 준비를 알리지 않았다. 20대, 가장 꾸미고 싶을 나이에 복장은 늘 트레이닝복에 슬리퍼 차림이었다. 사람 마음이라는 게 꾸미면 나가고 싶고, 나가면 놀고 싶고, 누군가와 함께 있을 때는 마음이 더 해이해지기 마련이다. 이렇게 방해가 되는 요소를 하나씩 제거했다.

호기롭게 최소 1년 안에 시험에 붙는다는 마음가짐으로 나에게 맞는 인강 강사와 교재를 찾았다. 그렇게 인강을 결제하고, 두꺼운 책들이 집으로 배송되면 그때부터 진짜 수험 생활이 시작된다. 인간관계도, 공부를 하기 위해 오가는 동선도, 복장도 모두 간소화시켜 가벼워진다. 하지만 무거운 수험서들이 어깨를 짓누르고, 무언가 모를 묵직한 답답함이 가슴에 내려앉는다.

자유를 억제한다는 생각에 대해

#자유를잃은것인지 #바꿔생각해보자

우리는 스스로의 의지로 경찰공무원 시험을 보기로 결심했다. 공무원 시험이라는 게 절대 만만한 시험이 아니기 때문에 단기간에 합격하려면 자유를 하나씩 통제해야 한다. 그 과정에서 자유를 잃었다고 생각할 수도 있다. 합격을 위해 20대의 청춘을 반납하고, 자유를 내주었다고 생각한다.

분명 시험을 준비하기 전에는 보고 싶었던 영화를 언제든 마음껏 볼 수 있었다. 하지만 시험을 준비하고 나서부터는 가끔 정말 지치거나 위로가 필요할 때 동기부여를 위해 영화를 볼 뿐이다. 수험생이 되기 전에는 친구와 맥주 한잔 하고 싶을 때면 시간과 장소에 구애받지 않고 원하는 날, 원하는 장소에서 마음껏 즐길 수 있었다. 하지만 수험생이 되면 다음 날 공부에 방해가 되기 때문에 음주를 자제한다. 먹는 것도 집에서 챙겨 온 도시락으로 때우는 경우가 많다. 배달음식도 혼자 시켜 먹으면 남을 게 뻔하니 고민 끝에 다음으로 미룬다.

우리는 이렇게 스스로를 통제하다 보면 자유롭지 않아 불행하다고 생각하게 된다. 하지만 정말 자유를 잃은 것일까? 보고 싶은 영화를 다음으로 미루고, 먹고 싶었던 음식을 조금 참고, 사고 싶은 옷을 위시리스트에 넣어놓았을 뿐이다. 정말 나의 자유를 잃어 버린 것인가? 어쩌면 우리가 스스로를 '억제'할 수 있는 것도 자유가 아닐까? 항상 누군가의 강요나 의무감에 의해 공부를 해온 우리가 태어나서 처음으로 '나'의 선택으로 스스로를 억제하고 공부할 수 있는 자유를 얻었다. 그 누구도 내가 오늘 공부를 조금 덜한다고 해서, 경찰공무원 시험의 가산점 점수를 다 채우지 않았다고 해서 잔소리를 하지 않는다.

누군가가 우리에게 이렇게 묻는다. "졸업하면 생각해놓은 직장 있어?" 그러면 우리는 이렇게 대답한다. "나, 경찰공무원 시험 보려고." 이렇듯 '나'라는 주체에 의해 이 시험을 선택했다면, 선택한 이 상황을 책임져야 한다. 치열한 경쟁률을 뚫고 살아남으려면 남들과는 다른 방법을 취하고 적용해야만 한다. 그러니 자유를 잃었다고 낙담하지 말고 나중에 후회가 남지 않도록 최선을 다해 공부해야 한다.

일단 호기롭게 시작했어도 아마 경쟁률을 보면 한숨부터 나올 것이다. 뽑는 인원에 따라 해마다 경쟁률이 달라지는데, 많이 뽑는 해에는 나도 뽑힐 것 같아 안심이 되지만 적게 뽑는 해에는 떨어질 것 같아 불안감이 커진다. 그런데 경쟁률이라는 게 실질적으로 당락에 큰 영향을 끼치는지는 잘 모르겠다. 물론 심리적으로는 영향을 끼친다. 하지만 100:1이든 4:1이든 내가 붙느냐 마느

나의 싸움이기 때문에 결국 50:50의 확률이라고 생각하면 되지 않을까.

경찰공무원 시험을 보려고 마음먹었다면 어쨌든 나 자신과의 싸움에서 이겨야 한다. 경쟁률이라는 숫자에 좌지우지되지 말자. '운칠기삼'을 '기칠운삼'으로 바꿔 이 경찰공무원 시험을 이겨내는 것이다.

엄마, 나 또
떨어졌어

기업 취준생 vs. 공무원 수험생
#기업은자격증이라도남지 #공무원은뭐가남아

일반적으로 취준생은 취업에 실패하더라도 자격증, 토익점수 등 또 다른 기업에 지원할 수 있는 소위 스펙이 남는다. 내가 원하는 기업에 들어가지 못하더라도 이 스펙을 활용해 다른 기업에 지원하면 된다. A기업을 위해 썼던 자기소개서를 조금 수정하고, 자격증과 토익점수 등을 활용해 B기업 공채에 지원할 수 있다.

하지만 공무원 시험은 어떤가? 공무원 시험은 떨어지면 남는

게 없다. 공무원이 되기 위해선 정해진 과목을 합격할 때까지 공부해야 한다. 공부한 과목이 머릿속에 남아 있으니 된 거 아니냐고 물을 수 있지만 형법, 형사소송법, 경찰학개론과 같은 법 과목과 한국사, 영어 등이 과연 취업에 얼마나 도움이 되겠는가? 결국 공무원 시험은 합격하지 않으면 남는 것이 없는 게임이다. 사람들은 입을 모아, 불합격하면 다시 원점으로 돌아가야 하기 때문에 리스크가 큰 시험이라며 다른 길을 찾아보라고 조언한다. 그런데 왜 우리는 이 남는 것이 없는 게임에 목숨을 거는 것일까? 합격률이 5%가 채 안 되는 이 시험에 1~2년, 혹은 그 이상의 긴 시간 동안 목숨을 거는 이유는 무엇일까? '조금만 더' 하면 될 것 같기 때문이다.

조금만 더? 얼마나?

#인형뽑기처럼 #딱한번만더

공무원 시험은 적게는 1~2문제, 많게는 3~4문제 차이로 떨어진다. 실력이 어느 정도 수준까지 올라오면 그만큼 경쟁자 간의 격차가 크지 않다. 헷갈렸던 문제를 찍었는데 맞히거나, 마킹 실수로 맞힌 문제도 틀리는 등 어느 정도 운도 작용한다. 예를 들어

출제위원이 변별력을 위해 정말 어렵고 이상한 문제를 출제했다면, 나머지 맞힐 수 있는 문제를 다 맞혔다는 가정하에 결국 그 이상한 문제를 찍어서 맞힌 사람이 붙게 된다.

바로 이것이 공무원 시험에서 쉽게 빠져나오지 못하는 이유라고 생각한다. 아쉽게 떨어졌다는 안타까움, 다음에 있을 시험까지 6개월에서 1년만 더 공부하면 붙을 수 있을 것 같다는 기대감, 완전히 오르지 못할 나무는 아닌 것 같아 깔끔하게 포기할 수 없는 미련. 나는 공무원 시험이 한때 유행했던 인형뽑기와 비슷하다고 생각한다. 한 번만 더, 딱 한 번만 더, 천 원만 더 투자하면 인형 하나는 뽑을 수 있을 것 같다는 기대감. 그렇게 인형뽑기에 도전하면 2천 원, 3천 원씩 계속 돈이 들어가게 된다. 하지만 대부분은 원하는 인형을 뽑는 데 실패하고 만다. 마찬가지로 우리는 '조금만 더' 공부하면 붙을 것 같다는 생각에 공무원 시험을 쉽게 포기하지 못한다. 그렇게 20~30대의 청춘을 공무원 시험에 바치는 것이다.

명확한 기준을 정해놓지 않은 채 '한 번만 더'를 반복하는 것은 목적지 없이 마라톤을 하는 것과 같다. 공무원 시험에 합격하기 위해, 설사 불합격하더라도 빠르게 다른 길로 가기 위해 명확한 기준을 정해놓아야 한다.

후회가 남지 않을 나만의 기준

#덤벙대는실수를 #줄이기위해

수험 생활을 시작하기 전에 '이 정도까지 했는데 떨어진다면 깔끔하게 포기하겠다.' 하는 기준을 정해놓아야 한다. 그리고 이 기준만큼은 절대적으로 지켜야 한다. 기준이 명확하면 이번 시험에서 받은 점수로 스스로를 위안하며 '조금 더 해봐도 되겠는데?' 하는 생각에 휘둘리지 않을 것이다. 나 역시 '조금만 더'에 속아 불합격했던 방법을 그대로 고수해 다시 보기 좋게 낙방했던 경험이 있다. 근거 없는 자신감으로 공부 방식을 어떻게 바꿔야 하는지, 생활 루틴에서 어떤 점을 보완해야 하는지 깊이 있게 성찰하지 않았기 때문이다.

또한 시험 당일에는 여러 가지 요소가 점수에 영향을 미친다. 오늘 컨디션이 좋았다고 해서 시험 날에도 컨디션이 똑같이 좋을 리 없다. 무작정 다음 시험에 모든 걸 걸고 도박하지 말고 찬찬히 공부해온 과정을 돌이켜보며 다음 시험에 대비해야 한다. 후회 없이 최선을 다하기 위해서라도 불합격했다면 왜 불합격했는지 그 이유부터 찾아야 한다.

공무원 시험이 자신과 맞지 않으면 뒤돌아보지 않고 다른 길을 가겠다는 마음가짐으로 기준을 정해야 한다. 남들이 하는 것만큼 똑같이 해서는 안 된다. 우리는 이미 대학 시절 남들과 똑같이 자격증을 따고, 토익 공부를 하고, 학점을 만들었다. 그럼에도 불구하고 취업 시장에서 뒤처지지 않았던가. 공무원 시험도 마찬가지다. 나는 과목마다 동형모의고사를 기준으로 더 이상 풀 문제가 없을 정도로, 푸는 시간을 더는 줄일 수 없을 정도로 문제풀이를 반복하고 또 반복했다. 남들이 똑같이 하는 것처럼 시험 직전에 동형모의고사를 20회분 정도 푸는 데 만족하지 않았다. 한국사를 예로 들면 구할 수 있는 동형모의고사는 모두 구해 100회 이상 문제를 풀었고, 6분 이내에 문제를 소화할 수 있도록 훈련하는 연습을 했다. 남들처럼 이론서, 필기노트를 무한 회독하는 것보다는 덤벙대는 실수를 줄이기 위해 객관식 문제에 적응하는 방식을 택했다.

이처럼 왜 이런 공부 방식, 생활 루틴을 계획했는지 그 이유와 기준이 명확해야 한다. '필기노트 100회 회독하기, 동형모의고사 20회 풀기'와 같이 남들도 다 하는 방식은 의미가 없다. 누구나 그 정도는 한다. 내가 했던 기준대로 똑같이 공부하라는 뜻이 아니다. 무엇을 하든 후회가 남지 않도록 자신만의 기준을 만들어야 한다는 뜻이다. 학원에서 정해준 커리큘럼에 만족하지 말고 나만의 기준을 세워 경쟁력을 키우기 바란다.

그래도 불합격한다면

#합격했을때나 #아름다운비디오지

우리는 왜 불합격을 해도 막연히 다음에는 될 것 같다고 믿을까? 그 본질적인 이유를 생각해봐야 한다. 근거 없는 희망고문에 휘둘리는 이유는 아직 채울 부분이 남아 있다고 생각하기 때문이다. 하지만 정말 합격하고 싶다면 채울 부분조차 남겨놓지 않겠다는 마음가짐으로 매달려야 한다. 설사 운이 없었다고 하더라도, 시험 당일 컨디션이 최악이었다고 해도 후회가 남지 않을 정도로 최선을 다해야 한다. 0.1점 차이로 떨어졌어도 불합격자는 불합격자다. 그냥 점수가 좀 더 높은 불합격자일 뿐이다.

20년 이상 살아오면서 정말 좋아했던 첫사랑의 기억 하나쯤은 갖고 있을 것이다. 왜 그때 솔직하게 고백하지 못했는지, 왜 더 잘 해주지 못했는지 후회가 남겠지만 이러한 아쉬움은 충분히 다른 좋은 경험으로 채울 수 있다. 하지만 수험 생활은 일단 불합격하면 좋은 추억이 될 수 없다. 합격했을 때나 아름다운 비디오로 남는 것이다. 따라서 사전에 불합격 시 어떤 길을 걸을 것인지 고민해보고, 그에 따른 해결책을 만들어놓은 뒤 수험 생활을 시작하면 좋겠다.

지나간 과거는 어쩔 수 없다. 지금부터 후회가 남지 않으면 된다. 1년 차, 2년 차 과거의 수험 생활은 잊어버리고 오늘부터 1일 차 초시생의 마음으로 돌아가는 것이다. '조금만 더 하면 될 것 같아.'라는 후회가 남지 않도록 오늘 남들보다 조금 더 공부하자. 매 시험마다 "엄마, 나 또 떨어졌어."라는 말을 하지 않기 위해서.

이제 '고시 공부=노량진'은 옛말이 되었다. 코로나19를 계기로 많은 학원들이 오프라인 강의 대신 온라인 강의의 비중을 확대했기 때문이다. 더불어 오프라인 수업의 장점보다 온라인 수업의 장점이 훨씬 더 많아졌다. 수험생들의 성향 변화도 한몫했다. 최근에는 '나홀로족'이 증가하고 있다. 90년대생은 혼밥(혼자 밥 먹기), 혼영(혼자 영화 보기), 혼공(혼자 공부하기) 등 누군가와 함께하기보다는 혼자 하는 것을 즐긴다. 왜 20대들은 '혼자' 하는 것을 즐기는 것일까?

요즘 90년대생은
이렇게 공부합니다

혼자 공부하기
막막하다면

노량진은 이제 옛말

#학원보다인강 #혼공

'공무원 시험'이라고 하면 가장 먼저 떠오르는 곳은 노량진이
다. 학원 옆에 학원이 다닥다닥 붙어 있고, 점심시간이면 끼니를
간단히 때울 수 있는 컵밥거리도 있다. 수험가답게 노량진에서는
편한 트레이닝복 차림의 수험생들을 쉽게 볼 수 있다. 학원에 다
니는 수험생들은 수업 시간에 맞춰 학원 앞에서 길게 줄을 선다.
강사와 조금이라도 가깝게 앉아 수업에 집중하기 위해서다.

그런데 이제 '고시 공부=노량진'은 옛말이 되었다. 코로나19를 계기로 많은 학원들이 오프라인 강의 대신 온라인 강의의 비중을 확대했기 때문이다. 더불어 오프라인 수업의 장점보다 온라인 수업의 장점이 훨씬 더 많아졌다. 오프라인 수업의 경우 한 강의실에 최대 수백 명의 수험생들이 옹기종기 모여 강의를 듣는다. 실제로 강사와 눈을 맞추며 수업을 들을 수 있는 자리는 얼마 되지 않는다. 그렇다면 나머지 자리는 어떠한가? 기껏 강의실까지 갔는데 대형 TV에 의지해 수업을 들어야 한다. 자리를 선점하지 못하면 온라인 수업과 별반 차이가 없는 것이다. 온라인 강의를 들으면 콩나물처럼 빽빽한 강의실에서 TV로 수업을 들을 필요가 없다.

나 역시 노량진에 무료 강의를 들으러 간 적이 있다. 그런데 얼마 지나지 않아 강의실의 답답한 분위기 때문에 뛰쳐나오고 말았다. 공부하는 수험생들은 성인인데 책상은 어른이 쓰기에는 턱없이 작았고, 어떤 자리는 기둥에 가려져 강사가 보이지 않았다. 통행로는 자리가 다닥다닥 붙어 있어 오가기도 어렵다. 한두 번 자극을 받으러 가기에는 좋지만 지속적으로 공부하기에는 환경이 나와 맞지 않았다.

그렇기에 나는 집에서 혼자 공부하는 것을 선택했다. 수험생들의 성향 변화도 한몫했다. 최근에는 '나홀로족'이 증가하고 있다. 90년대생은 혼밥(혼자 밥 먹기), 혼영(혼자 영화 보기), 혼공(혼자 공부하기) 등 누군가와 함께하기보다는 혼자 하는 것을 즐긴다. 왜 20대들은 '혼자' 하는 것을 즐기는 것일까?

20대들이 혼밥 등 평소 혼자서 행동하는 가장 큰 이유는 '혼자가 편해서'였다. 20대들은 '다른 사람에게 신경 쓰고 싶지 않아서, 혼자가 편해서(46.1%)'를 1위에 꼽았다. 이어 2위는 '내 취향껏 하고 싶은 것이 있어서(31.8%)', 3위는 '친구들과 시간을 맞추기가 힘들어서(25.5%)'가 차지했다. (…) 20대들이 꼽은 '이것만큼은 혼자 하는 것이 더 좋다'고 생각하는 활동 1위는 △공부(42.8%)가 차지했으며, △휴식(34.1%) △영화 및 공연 관람(18.1%) △운동(16.1%) △쇼핑(15.7%)이 5위권 안에 올랐다.

〈조선일보(2020년 10월 11일)〉

이런 이유로 노량진을 떠나 홀로 공부하는 수험생들이 늘어나고 있다. 20대들은 혼자인 게 편해서, 다른 사람에게 신경 쓰고 싶지 않아서 혼공을 택했다. 나 역시 누군가와 같이 공부하는 것보다는 혼공이 훨씬 심적으로 편했다. 하지만 때때로 찾아오는 외로움이라는 감정은 막을 수 없었다. 그래서 혼자 공부하지만 혼자 공부하는 것 같지 않은 방법 몇 가지를 이따금씩 사용했다.

온라인으로 즐겁게 공부하는 방법
#SNS끊었는데 #밴드 #인스타그램 #블로그

나는 수험기간 동안 도서관과 집을 번갈아가며 혼자 공부했다. 아무리 혼자 공부하는 것을 즐기는 성향이라고 하더라도 수험생은 누구나 외롭다. 아무리 의지가 강해도 혼자 장기 레이스를 하다 보면 지치기 마련이다. 그래서 어느 정도의 자극도 필요하다. 그렇다고 혼자 공부하는 것을 멈추고 오프라인으로 나가 누군가와 같이 공부하기는 싫다면 어떻게 해야 할까? 나는 밴드, 인스타그램, 블로그, 유튜브 등을 적극 활용했다. 시간과 공간의 제약이 없는 플랫폼을 어떻게 공부에 활용할 수 있었을까?

1. 기상 스터디그룹 만들기

학원에 다니지 않는 혼공족에게 가장 최대의 적은 아침 기상이다. 그동안 우리는 항상 학교의 등교 시간, 학원의 수업 시간에 맞춰서 반강제적으로 기상해왔다. 아침에 일어나지 않으면 불이익이 있었기 때문이었다. 하지만 공시생은 늦게 일어난다고 해서 당장 눈앞에 보이는 불이익이 없다. 서류상 기입되는 '지각' '무단결근'과 같은 제약도 없다. 나중에 '불합격'이라는 쓴맛을 보게 될 수도 있지만 말이다. 그래서 수험생 카페에 들어가면 기상 스터디

멤버를 구한다는 글을 심심치 않게 볼 수 있다. 멤버가 정해지면 밴드, 인스타그램에 시간이 나오는 카메라로 몇 시에 일어났는지 인증을 한다. 요즘 기상 스터디는 일어나서 인증 후 다시 잠들지 않도록 시스템도 잘 짜여 있다. 일주일 동안 미션을 가장 잘 수행한 멤버에게 기프티콘을 주는 시스템도 있다. 이런 스터디 그룹을 잘 활용하면 혼자 공부하지만 같이 공부한다는 느낌을 받을 수 있고, 꾸준히 성실하게 성과를 달성하면 성취감도 느낄 수 있다. 혼공을 결심한 수험생이라면 기상 스터디를 적극 활용하기 바란다.

2. 공부한 내용 기록하기

공부한 것을 인스타그램에 기록하는 공스타그램과 공부 블로그 등도 활용하면 좋다. 고등학생 때는 야자 시간에 공부하지 않고 떠들거나 딴짓을 하면 바로바로 제지해주시는 선생님이 계셨다. 하지만 혼자 공부하는 공시생은 그런 도움을 받을 수 없다. '하루 정도야 여유 있게 보낼 수 있지.' 하고 생각할 수 있지만 그렇게 무의미한 하루가 쌓이고 쌓이면 합격과도 멀어진다. 매일매일 기록하지는 못하더라도 일주일에 2~3번 정도는 사진이나 글로 공부한 것을 적어보자. 공부한 내용을 스스로 피드백하면서 반성도 하게 되고, 내일의 의지를 다시금 다질 수 있다. 물론 기록을 위해 SNS를 시작했는데 남들의 계정을 보는 데 시간을 낭비해서는 안 된다.

3. 유튜브로 함께 공부하기

최근 직장인들이 가장 많이 하는 말은 "나도 유튜브나 해볼까?"라고 한다. 공시생도 예외는 아니다. 라이브방송으로 하루 종일 공부하는 모습만 찍어 보내는 스터디위드미(study with me), 수험 생활을 찍어 올리는 공시생 브이로그까지. 학원에 가지 않아도 유튜브로 경쟁자들이 어떻게 공부하는지 지켜볼 수 있는 시대가 되었다. 혼자 공부하기 외롭거나, 슬럼프가 왔거나, 자극을 받고 싶다면 이런 영상을 시청해보자. 아무리 혼자 공부하기를 즐기더라도 때때로 이러한 소통의 창구가 필요하기 마련이다.

최소 에너지 대비 최대 효율
#시간절약 #비용절약 #합격의지름길

나는 공부의 효율을 높이기 위해 밴드, 인스타그램, 블로그, 유튜브 등을 적극 활용했다. 기상 스터디를 통해 아침 일찍 기상할 수 있었고, 필기시험 이후에도 체력시험, 면접에 대비하기 위해 관련 스터디를 활용했다. 기상 스터디뿐만 아니라 각 과목의 퀴즈 스터디에도 참여했다. 퀴즈 스터디란 정해진 시간에 멤버들과 모여 문제만 풀고 쿨하게 각자 공부를 하러 가는 스터디다. 이 스터디를 했던 다른 수험생 역시 스터디의 효과를 인정했으며, 현재는 시험에 합격해 현직에 있다. 유튜브는 심신이 지쳤을 때 큰 자극이 되어주었다. 공부량이 기대치에 미치지 못한 날이면 다른 수험생이 공부하는 영상을 보며 다시 펜을 잡았던 기억이 있다.

수험생으로서 이런 것들을 적극 활용한다면 최소 에너지 대비 최대 효율을 낼 수 있을 것이다. 비용이 드는 것도 아니고, 이동하는 시간이 드는 것도 아니다. 잘 활용하면 혼자 공부하지만 외롭지 않게 공부할 수 있다. 우리는 방구석에서 공부해도 효율적으로 공부할 수 있는 좋은 시대에 태어났다.

아르바이트와 공부,
병행할 수 있을까?

공부하는 데도 돈이 필요하다

#인강비 #책값 #밥값 #커피값

수험 생활을 하려면 학원에 다니지 않더라도 기본적인 인강비, 책값, 밥값 등이 소요된다. 아끼려 해도 어쩔 수 없이 나갈 수밖에 없는 비용이다. 부모님께서 지원해주셔서 행복하게 공부에만 집중할 수 있는 공시생도 있는 반면, 스스로 A부터 Z까지 모든 것을 해결하면서 공부해야 하는 공시생도 있다. 각자의 사연은 다양하다. 집안이 어려워서 생계를 책임지는 가장인 경우도 있고, 집안의 반대가 심해 지원을 기대할 수 없는 경우도 있다. 독립심 때문에 지원을 마다하고 혼자 해결하는 경우도 보았다.

수험 생활에 소요되는 최소한의 비용을 마련하기 위해 보통은 아르바이트를 한다. 생계를 위해 직장에 다니면서 공부를 하는 수험생도 있다. 그런데 수험생에게 절대적으로 필요한 것은 공부 시간이다. 확실히 일을 하면서 공부를 하면 시간의 절대량이 줄어든다. 심적인 여유도 줄어든다. 일을 하는 동안에도 다른 수험생들은 열심히 공부하고 있을 텐데 자신만 뒤처지는 느낌이 든다. 그런데 이런 초조함을 오히려 역으로 활용하면 되지 않을까? 절대적인 시간을 질적인 시간으로 바꾸면 된다.

사람의 집중력, 뇌의 수용량에는 한계가 있다. 정말 공부라는 것에 미치지 않는 이상 하루에 집중할 수 있는 시간은 한정되어 있고, 받아들일 수 있는 용량도 한정되어 있다. 하루 24시간 중에 취침 시간 6시간, 밥 먹고 씻고 준비하는 시간 3시간, 운동 시간 2시간을 제외한다고 가정해보자. 그럼 나머지 13시간을 오로지 공부에 집중할 수 있을까? 공시생이라면 스톱워치로 자신의 공부 시간을 체크해본 적이 있을 것이다. 나 역시 수험 생활 초기에 '순공 시간(순수 공부에 쓴 시간)'을 체크해보고 놀랐던 기억이 있다. 꽤나 진득하게 앉아 공부했다고 생각했는데 의외로 버려지는 시간이 꽤 많았기 때문이다. 시간의 총량이 늘어난다고 해서 그 시간을 최대로 활용하는 경우는 드물다. 아르바이트와 공부를 병행할 수 있는 방법은 다음의 두 가지다.

1. 10분의 집중력 활용

아르바이트를 하면서도 충분히 집중력의 밀도를 높일 수 있다. 최소의 시간을 최대로 활용해야 한다는 압박감에 2과목 공부할 시간에 3과목을 끝내기도 한다. 고등학교 내신 시험을 위해 벼락치기를 했던 경험을 떠올려보자. 이상하게 시험 하루 전, 혹은 시험 보기 10분 전이 가장 공부가 잘되었을 것이다. 이처럼 시간이 부족해 초조할수록 집중력이 발휘되기 마련이다. 나는 수첩에 외워지지 않는 부분을 따로 적어놓고 아르바이트 중 틈틈이 쉬는 시간을 활용해 암기했다. 하루 종일 안 외워지는 것을 마냥 붙잡고 있는 것보다는 이렇게 자투리 시간 '10분'을 이용하는 편이 효율 면에서 훨씬 나을 수도 있다.

2. 대중교통 도서관 활용

아르바이트는 집 근처에서 하면 가장 좋다. 하지만 어쩔 수 없이 지하철이나 버스를 타고 이동해야 하는 경우도 있다. 나는 대중교통을 이용할 때는 영어 문장을 회독했다. 공무원 공부는 새로운 것을 공부하는 시험이 아니다. 똑같은 것을 계속해서 반복적으로 공부하는 시험이다. 똑같은 영어 문장을 수십 수백 번 반복하다 보면 자칫 지루해질 수 있는데, 나는 환경에 변화를 주는 방식으로 이러한 지루함을 이겨냈다. 책상 앞이 아닌 버스나 지하철 등 이동하는 중에 공부를 하면 지루하지 않고, 뇌에 신선한 자극을 줄 수 있다. 큰 집중력을 요하지 않는 과목, 즉 시간과 장소에 어울리는 공부거리를 미리 챙겨두면 지하철과 버스도 나만의 독서실, 도서관이 될 수 있다.

아르바이트 병행해도 될까요?
#나도몰라요 #사람마다달라요

수험생 카페에 가면 '아르바이트를 하면서 공무험 시험에 합격할 수 있을까요?' 하는 글을 자주 볼 수 있다. 인강비, 책값, 밥값 등을 생각하면 아르바이트를 안 할 수가 없는데, 과연 아르바이트를 하면서 공무험 시험까지 잘 준비할 수 있을지 의문이 드는 것이다. 답은 없다. 일단 해보는 것이 중요하다. 해보지도 않고 남에게 물으면 답이 나오지 않는다. 직장인 공시생, 아르바이트하는 공시생 등의 합격 수기를 보아도 소용없다. 합격한 선례가 있으니 참고해서 본인이 한번 해보면 된다. 체력적 한계에 부딪힌다면 깔끔하게 접고 공부에만 집중하면 되는 것이고, 지속할 만하다면 그 속에서 최대의 효율을 낼 수 있는 방법을 고안하면 될 것이다.

사정상 돈을 벌면서 공부할 수밖에 없는 상황이라면 그 상황을 부정적으로 받아들이기보다는 나름대로 장점을 찾으면 된다. '나는 왜 돈이 없지?' '나는 왜 돈까지 벌면서 공부해야 하지?' 이렇게 현재의 상황을 탓하기만 하면 부정적인 감정에 휩싸여 공부가 제대로 안 될 것이다. 아르바이트를 하는 것이 오히려 더 긍정적인 효과를 가져다줄 수도 있다. 수험 생활을 하면서 우리는 친구, 학원 강사만을 반복적으로 만나는데, 늘 보던 사람만 보다 보니 동기 부여가 쉽지 않다. 일터에서 시험이 아닌 다른 목표를 향해 열심히 살아가는 사람들을 마주하다 보면 자연스럽게 빨리 합격해야겠다는 자극을 받게 된다. 그러니 슬럼프가 왔다면 꼭 경제적인 이유가 아니더라도 단기 아르바이트 등을 하며 극복하려고 노력해보자. 하루를 알차게 보내고 있는 그대는 그 어느 누구보다도 아름답다.

타인의 오지랖에
대처하는 법

취업하기 너무 힘들죠?

#아르바이트도 #취업도 #눈앞이캄캄

나 역시 수험생 시절에는 마냥 집에 손을 벌릴 수가 없어 최소한의 밥값, 책값을 충당하기 위해 아르바이트를 병행했다. 그런데 이제는 코로나19로 괜찮은 아르바이트 자리가 눈에 띄게 줄면서 차라리 '아르바이트와 공부 사이에서 고민하던 그 시절이 그리워진' 시대가 되었다. 원래도 취업하기 힘든 세대였는데, 최소한의 돈벌이도 없이 집에 갇혀 벽과 책상만 보며 취업 준비를 해야 하는 상황이 된 것이다.

젊은 취준생과 공시생은 혼돈의 상태다. 설상가상 시험일자는 자꾸만 뒤로 밀리고, 차라리 취업이 안 되거나 시험에 계속 떨어지면 아르바이트라도 할 텐데 이마저도 쉽지 않다. 경제적으로 안정감이 없으니 불안감은 커져간다.

타인의 충고에 욱하는 이유
#사실은 #인정하기때문에

취준생과 수험생의 마음을 힘들게 하는 것이 또 있다. 바로 타인의 충고 아닌 충고다. 아무리 좋게 포장해도 듣는 사람 입장에서 잔소리는 그냥 잔소리일 뿐이다. 말끝에 "다 너 잘되라고 하는 말이야." "네가 걱정돼서 하는 소리야." 하는 말을 붙인다고 해서 잔소리가 '충고'가 되진 않는다. 아무리 유용하고 귀감이 되는 말일지라도 상대방이 필요로 하지 않으면 공허한 메아리에 불과하다. 말로 하는 걱정은 누구나 할 수 있다. 그렇게 걱정된다면 잔소리가 아니라 경제적으로, 실질적으로 도움을 줘야 하지 않을까. 취준생과 수험생이 듣는 대표적인 잔소리는 다음과 같다.

1. "이제 나이도 꽤 찼는데, 언제 돈 모아서 언제 결혼하냐?"

나이를 먹는 것도 나고, 돈을 모아야 하는 주체도 나고, 결혼 상대를 고르는 것도 나다. 그들이 말로써 해결해줄 수 있는 것은 아무것도 없다. 나이를 되돌려줄 수도 없는 일이고, 결혼자금을 대줄 것도 아니며, 하물며 결혼은 내가 직접 짝을 찾은 다음에야 가능한 일이다. 처음부터 끝까지 다 책임져줄 수 있다면 잔소리를 해도 좋다.

2. "대기업 취업이 어디 쉽냐?" "공무원은 아무나 해?"

그렇다. 대기업 취업도, 공무원 시험 합격도 쉬운 일은 아니다. 그런데 잔소리를 하는 당사자는 과연 대기업에 들어갈 만큼의 노력을, 공무원에 합격할 만큼의 노력을 해본 적이 있을까? 잔소리를 하는 주체가 대기업 사원이고, 공무원이라면 할 말이 없다. 하지만 이런 종류의 잔소리를 하는 사람들은 대부분 그 어느 쪽에도 속하지 않는다.

3. "그냥 아무데나 가서 돈이라도 벌지, 이게 무슨 시간 낭비니?"

그들이 말하는 '아무데나'는 어디일까? 그저 일만 하고 돈만 벌면 그걸로 우리가 원하는 바를 이룬 걸까? 왜 '아무데나' 가서 생기는 '시간 낭비'는 고려하지 못하는 걸까?

4. "걔 아직도 못 붙었다며? 역시 그럴 줄 알았어."

이런 말을 들으면 정말 화가 난다. 하지만 대부분은 이런 말을 듣고도 반박하지 못한 채 집으로, 고시원으로 돌아온다. 당연히 그날은 공부도 손에 잡히지 않는다.

분명 타인의 기분이나 상황은 고려하지 않은 채 겉모습만 보고 아무 말이나 뱉는 오지랖은 잘못된 행동이다. 하지만 그런 말을 들었을 때 화가 나거나 분노를 삭이지 못한다면 그 사실을 본인 스스로 인정하는 꼴이 된다. 내가 그 사실을 인정하지 않는데 누군가의 한마디에 좌지우지될 필요가 있을까? 오히려 감사하고 안타깝게 생각하면 그만이다. 생각이 거기까지밖에 미치지 못하는 상대의 그 편협함을, 본인의 시야에만 갇혀 판단하는 아둔함을 안타깝게 생각하고 그냥 넘어가면 된다.

타인의 오지랖에 대처하는 방법은
#한마디 #시원하게 #해줄까

누군가의 말에 상처받을 필요도, 피곤하게 굳이 맞받아칠 필요도 없다. 상대는 내일이면 또 아무 일 없다는 듯이 자기 인생을 살아가고 있을 테니 말이다. 우리는 누군가의 한마디에 좌지우지될 만큼 나약하지 않다. 그렇기에 지나가는 한마디에 굳이 대응할 필요가 없다. 공부해서 합격하기로 마음먹은 이상 자신의 길을 묵묵히 가기만 하면 된다. 그런데 이것도 수험 초반에나 해당되는 이야기다. 아무리 강철 멘탈의 소유자라 하더라도 수험 생활이 길어질수록 위축되기 마련이다. 그렇다면 대체 어떻게 해야 한다는 말인가?

어쨌든 나에게 오지랖을 부린 상대는 그저 보이는 현상에 대해 한마디했을 뿐이다. 앞서 말했듯이 하루 지나고 나면, 아니 반나절만 지나더라도 금방 그 일에 대해 잊어버린다. 상대가 나에 대해 엄청나게 신경 쓰고 있는 것 같지만 사실 사람들은 생각보다 우리에게 관심이 없다. 반대로 누군가에 대한 어떠한 생각이 뇌리에 스쳤을 때를 떠올려보자. 그 순간은 정말 찰나였을 뿐이다. 당장 해야 할 일이 산더미 같은데 다른 사람의 시선까지 생각할 필요가 있을까? 내가 그 말에 과하게 신경 쓰고 있다면 그것 또한 나의 오지랖이 아닐까?

누군가의 오지랖에 도움이 되었던 영화 대사가 있다.

"너나 잘 하세요."

이 한마디를 마음속에 간직하고 있으면 수많은 오지랖을 만날 때마다 큰 위로를 받을 수 있다. 참고로 수험 생활을 할 때만 누군가의 오지랖과 마주하는 것은 아니다. 합격한 이후에도 끊이지 않는다. 경험이 많은 인생 선배들의 따뜻한 조언은 받아들일 수 있다. 아니, 오히려 배움의 자세로 더 깊은 대화를 통해 얻어가야 하는 것이 있다. 하지만 본인의 행실은 뒤돌아보지 않은 채 '나에게는 관대하고 타인에게는 박한' 이들이 있다. 네가 옳다 내가 옳다 할 것도 없다. 한 귀로 듣고 한 귀로 흘리면 그만인 것이다. '너는 너대로, 나는 나대로 삶을 잘 꾸려갈 테니 너나 잘 해라.' 하는 마음가짐으로 훌훌 털어내기 바란다.

청춘을 필기시험에
낭비하지 않으려면

천 일이 넘는 수험 생활 끝에

#나는 #점점 #무엇에 #익숙해지는가

총 3년간 수험 생활을 했고, 8번의 시험 끝에 최종 합격을 했다. 수험 생활을 하면서 점점 내가 왜 경찰을 꿈꾸게 되었는지 목표 의식이 흐려졌고, 수험기간이 길어질수록 지치기도 많이 지쳤다. 취업해서 한창 경제 활동을 해야 하는 나이에 집과 도서관만 오가니 허탈하기도 했다. 수험 생활을 하면서 가장 두려웠던 건 합격해서 나가는 다른 수험생도, 취업 후 각자의 삶을 즐기고 있는 친구도, 이제 그만 포기하라는 누군가의 오지랖도 아니었다. 바로 불합격에 익숙해지는 나의 모습이었다.

시험에 떨어지는 데 익숙해지면 '다음 시험을 또 준비하면 된다.' 하는 마음을 갖게 된다. 즉 불합격을 해도 어떠한 자극도 받지 않는다. 수험 생활이 길어지면서 불합격이 당연하게 느껴지고 무뎌지는 것이다. 그렇기에 이 시험은 최대한 빨리 붙고 나가야 한다. 경찰공무원 시험은 다른 공무험 시험보다 1년에 보는 횟수가 1~2회 정도 많기 때문에 기회가 많은 것처럼 느껴질 수 있다. 그래서 '이번에 안 되면 다음에 또 보면 되지.'라는 생각이 쉽게 드는 것이다. 이런 마음으로 수험 생활을 하면 수험기간이 1년이 되고, 2년이 되고, 무한정 길어질 수 있다.

숫자의 영향에서 자유로워지자
#나이는들어가고 #수험기간은길어지고

내가 20대 중반의 청춘을 수험 생활에 바치면서 겪었던 시행착오를 독자들은 겪지 않았으면 하는 바람이다. 일반적인 필기 팁과 각 과목의 수험 공부 팁은 쉽게 구할 수 있다. 나는 합격했을 뿐이지 1등으로 합격한 것은 아니므로 내가 한 것보다 탁월하고 효율적인 공부법은 많을 것이다. 그러한 공부법을 참고해 자신에게 맞는 방법으로 체화하면 된다. 20대의 청춘을 더 빨리, 더 많이 즐기고 싶다면 합격하기까지 최대한 시행착오를 줄여야 한다.

우리는 흔히 '숫자'에 부담감을 느끼고, 좌절하고, 망설인다. 내가 다른 수험생들에 비해 나이가 많은 것 같고, 수험 생활이 더 오래된 것 같고, 점수도 더 낮은 것 같고, 책을 사는 데 드는 돈은 왜 이렇게 많으며, 오늘의 공부 시간은 왜 이렇게 적은 것인지…. 늘 숫자에 웃고 숫자에 좌절한다.

하지만 합격하기 전까지 이 숫자들이 과연 무슨 소용이란 말인가? 오늘 책상에 앉아서 책을 본 시간이 다른 날보다 많았다고 치자. 그런데 집중도가 엉망이라면? 머리에 남은 것이 하나도 없다면? 그렇게 무의미한 숫자에 얽매이면 수험 생활이 1년, 2년씩 쌓이게 될지 모른다. 자꾸 뒤 돌아보며 후회하는 시간도 늘어난다. '내 수험 생활은 어쩌다가 이렇게 길어졌을까?' 이런 고민을 하는 것은 시간만 잡아먹을 뿐이다. 당장 이 시험을 포기할 것이 아니라면, 한 번 더 도전하기로 결심했다면 굳이 '몇 년 차'라는 숫자에 얽매이지 말자.

예를 들어 오늘 동형모의고사 점수가 잘 나왔다면 과연 이 점수가 시험 때까지 그대로 나올까? 반대로 오늘 동형모의고사 점수가 엉망이라면? 그럼 그동안 공부한 것이 다 물거품이 된 것인가? 우리는 동형모의고사 점수에 일희일비하곤 한다. 하지만 점수가 잘 나오든, 나쁘게 나오든 과하게 동요할 필요는 없다. 점수가 잘 나왔다면 헷갈렸던 문제를 다시 보면 되고, 점수가 잘 나오지 않았다면 시험 전까지 부족한 부분을 메울 수 있음에 감사하면 되는 것이다.

나 역시 숫자의 영향에서 자유로울 수 없었다. 20대 중반 꽃다운 나이에 수험 생활이 자꾸 길어지니 마음이 조급해졌고, 집중이 잘되지 않은 날에는 공부 시간이 적어 스트레스를 받았다. 공부한 것에 비해 동형모의고사 점수가 나오지 않아 좌절하기도 했다. 숫자의 영향에서 자유롭기가 말처럼 쉽지 않다. 결국 최종 시험 역시 숫자에 의해 판가름 나기 때문이다. 하지만 수험 생활을 하는 동안만큼은 숫자에서 자유로워야 한다.

특히 필기시험 공부를 할 때는 기준을 숫자에 두지 말아야 한다. 공부 시간과 점수에 집착하다 보면 원하는 만큼 성과를 내지 못했을 때 슬럼프가 찾아올지 모른다. 기준을 온전히 나 자신에게 두면 숫자의 굴레에서 자유로워질 수 있다. 전체적인 공부의 총량도 중요하지만 얼마큼 집중했는지도 따져봐야 한다. 오늘 내가 온전히 집중한 시간은 굳이 스톱워치가 증명해주지 않아도 스스로가 가장 잘 알고 있지 않을까?

나도 했으니 너도 할 수 있다고?

#그냥너니까 #할수있다고

나는 고등학교 때 공부를 썩 잘하지 못했고, 대학교도 성적에 맞춰 들어간 평범한 학생이었다. 그래서 '나도 했으니 너도 할 수 있어!'라는 식의 응원은 하고 싶지 않다. 이러한 응원은 그 순간에만 의욕을 고취시킬 뿐이지 수험 생활이라는 장기 레이스에는 별로 도움이 되지 않는다. '쟤도 하는데 내가 왜 못 해?' '쟤도 했으니 나도 할 수 있어!'라는 마음가짐도 좋지만, 당신은 그 자체로도 무엇이든 할 수 있는 사람이다. '나'니까 할 수 있다는 믿음을 가져야 한다.

연애를 했던 경험을 떠올려보자. 연애 초반에는 서로 좋아 죽을 것 같다가도 1~2년이 지나면 금방 서로에게 익숙해지고, 처음과 같은 설렘은 서서히 옅어진다. 그럼에도 연애를 지속할 수 있는 이유는 서로에 대한 믿음과 신뢰 때문이라고 생각한다. 수험 생활도 마찬가지다. 처음에는 의지가 불타오르고 당장 합격할 수 있을 것만 같다. 하지만 시간이 지나 중간중간 슬럼프가 찾아오고 수험 생활에 익숙해지면, 처음의 그 불타오르던 의지는 사라진다. 수험 생활을 지치지 않고 지속하기 위해서는 자신을 믿는 수밖에 없다.

엉뚱한 공부법을 고수하며 남의 조언은 듣지 않고 고집스럽게 자신을 믿으란 뜻은 결코 아니다. 진부한 말일 수 있지만 그 누구도 우리의 합격을 보장해줄 수 없다. 합격의 기준은 시험 당일에 정해진다. 하지만 수험 생활 동안에는 나름대로의 기준을 만들어야 한다. 그리고 그 기준에 의해 본인이 잘하고 있는지 체크하고, 스스로를 굳게 믿어야 한다. 합격 여부는 타인이 낸 시험 문제에 의해 결정되지만, 그 전까지의 과정은 스스로에게 달려 있다.

체력 점수 1점보다
중요한 것은 많다

체력시험 잘 보면 한 손 제압 가능한가요?

#국가가 #우리에게 #요구하는것들

필기시험을 통과하고 나면 윗몸일으키기, 팔굽혀펴기, 좌우 악력, 100m 달리기, 1,000m 달리기 총 다섯 가지 체력시험을 봐야한다. 보통 필기부터 붙어야겠다는 생각에 체력 준비는 '필기 붙고 하지, 뭐!'라며 뒤로 미뤄두곤 한다. 그런데 필기에 집중한다는 명목으로 체력 준비를 소홀히 해서는 안 된다. 필기는 환산점수로 계산되지만 체력은 원점수로 계산된다. 그만큼 필기를 통과한 후에는 체력이 몇 점이냐에 따라 순서가 뒤바뀔 수 있다. 필기 점수가 아무리 높더라도 체력 점수가 뒷받침되지 않으면 배수 밖으로 밀려나갈 가능성도 높다. 체력시험 때문에 최종 불합격을 한 수험생이라면 체력 점수의 중요성을 누구보다 잘 알고 있을 것이다. 하지만 막 필기시험 공부를 시작한 수험생들은 아직 체력시험의 중요성을 잘 모른다. 필기 공부를 6개월 더 하고 싶지 않다면 체력시험은 꼭 미리미리 준비하기 바란다. 어딜 가든 공짜 밥은 없다. 체력시험은 공짜로 점수를 후하게 주지 않는다.

경찰 체력시험은 하는 만큼 오른다. 100m를 제외한 네 가지 종목은 꾸준히만 연습하면 그만큼 보상을 주는 종목들이다. 나 역시 처음에는 100m를 제외한 네 가지 종목을 모두 꾸준히 연습해 시험에서 좋은 점수를 낼 수 있었다. 혼자 운동하는 것이 익숙하지 않고, 방법도 모르겠다면 초반에는 학원의 도움을 받는 것이 좋다. 본인의 성향에 따라, 운동신경에 따라 여러 가지 방법이 있다.

그렇다면 이 다섯 가지 종목을 열심히 준비한다고 해서 나보다 체격이 큰 누군가를 한 손에 제압할 수 있을까? 절대 그렇지 않다. 이렇게 다섯 과목으로 구성되어 있는 이유는 그동안 얼마나 성실하게 체력시험을 준비해왔는지를 평가하는 것이다. '성실하게 준비해왔다면 이 정도의 기초체력은 있겠지?' 하는 의미라고 생각한다. 국가에서 월급 받고 일하는 공무원에게 성실성은 당연한 것이 아니던가. 본인이 판단할 때 운동신경이 좋지 못하다면 미리미리 준비하는 것이 좋다.

필기공부 5분만 더≠운동 5분만 더
#연습을실전처럼 #하면안됩니다

필기시험을 통과했다. 이제 2차 관문, 체력시험이 기다리고 있다. 체력시험 준비 기간에는 하루의 일상이 '운동-휴식-병원'으로 반복된다. 필기시험과 체력시험을 병행해 준비하던 때보다 몸을 움직이는 시간이 훨씬 많아진다. 그렇기에 체력시험을 보기 2주 전쯤에 수험생들이 가장 많이 다친다. 몸의 한계를 인정하고 무리하지 말아야 하는데, 어렵게 얻은 기회이다 보니 점수를 1점이라도 더 올리려는 욕심에 한계를 넘어버리는 것이다. 나 또한 기회를 놓치고 싶지 않은 마음에 과한 욕심을 부렸었다. 그 욕심으로 손목, 발목에 무리가 가 매일 아침 테이프를 감았고, 운동 후에는 병원에서 물리치료를 받는 것이 일상이었다. 처음에는 노력한 만큼 무사히 체력시험을 통과할 줄 알았다. 운동을 할 때마다 손목, 발목이 아팠지만 그럭저럭 참을 만했기 때문이다. 하지만 방심한 순간 일이 터졌다. 시험 이틀 전, 마지막으로 1,000m 달리기의 기록을 체크하고자 보라매공원을 찾았다. 그런데 내가 예상했던 것만큼 기록이 나오지 않았다. 형편없는 기록을 인정할 수 없어 5분만 더, 10분만 더 하다가 공원 10바퀴를 쉼 없이 돌았다. 스스로에게 주는 벌이었다.

그렇게 공원을 쉼 없이 뛰고 나서 마지막으로 물리치료를 받기 위해 다니던 병원으로 출발했다. 좀 전에 했던 운동이 과했는지 버스에서 내리던 찰나, 다리에 힘이 풀리면서 발목이 접질렸다. 아예 발목이 꺾여버린 탓인지 너무나도 아팠다. 평소처럼 '테이핑을 하고 뛰면 되겠지.'라는 마음으로 병원에 도착했다. 하지만 생각보다 발목의 상태는 심각했다. 그저 물리치료만 받고 끝날 줄 알았던 치료였다. 의사 선생님은 "당분간은 절대 뛰지 마라. 이틀 뒤에 네가 뛸 수 있을지 장담 못 하겠다."라는 말과 함께 깁스를 감아주었다.

나는 그 순간 현실을 직시했고 병원을 나오는 순간 참았던 눈물이 터졌다. 그동안의 노력이 모두 물거품이 될 것만 같았다. 그날은 하루 종일 울었던 기억밖에 없다. 깁스를 감으니 걷기도 힘들었고, 심리적으로 통증이 더 심각하게 느껴졌다. 하지만 포기할 수는 없었다. 윗몸일으키기, 팔굽혀펴기는 목표했던 점수를 받아놓았던 상황이었기에 최대한 할 수 있는 데까지 해보기로 마음먹었다(지역마다 체력시험 일정이 조금씩 다르다. 2개 종목을 먼저 보고, 일주일 뒤 100m 달리기, 1,000m 달리기, 좌우 악력 시험을 남겨두고 있었다). 뛰고 쓰러지는 한이 있더라도 끝까지 최선을 다하자는 마음으로 시험장에 갔다.

시험 당일, 발목에 테이프를 강하게 감고 파스를 수시로 뿌려가며 컨디션을 유지했다. 최대한 발목을 고정시킨 덕분에 무사히 내가 원하는 점수를 받을 수 있었다. 뛰는 그 순간에는 아픈지도 모르고 뛰었다. 그렇게 100m는 평소 하던 대로 기록이 나왔고, 기록이 잘 나오지 않았던 1,000m도 시간 내 완주해 만점을 받을 수 있었다.

이처럼 예상치 못한 상황은 언제든 일어날 수 있다. 그 상황을 온전히 받아들이고 대비하는 것 또한 자기 몫이다. 얻은 기회를 잡는 것도 중요하지만 자신의 몸을 과대평가하지 말기 바란다. 너무 무리하다 오히려 어렵게 얻은 기회를 날리고 부상으로 다음 시험을 준비하는 경우도 여럿 봤다. 나는 큰 부상은 아니었기에 테이프를 감고 뛰었지만, 수술을 해야 하는 경우에는 체력시험장에 입장할 수 있는 기회조차 잃게 된다.

우리의 체력은 한정적이다. 인간에게는 한계가 없다고 하지만 체력적인 부분에서는 분명 한계가 있다. 이 한정되어 있는 에너지를 끝까지 끌어 쓰지 말고, 그동안의 노력이 물거품이 되지 않도록 스스로를 객관적으로 바라봤으면 좋겠다. 누가 1점 더 받고 싶지 않겠는가? 하지만 체력 점수 1점보다 중요한 것은 많다.

필기 공부를 할 때는 남들보다 5분 더 보는 것이 중요하지만, 체력시험을 준비할 때는 5분이라도 더 휴식을 취하는 편이 좋다. 우리는 운동선수가 아니라 체력시험을 통과해야 하는 수험생임을 잊지 말자. 나머지는 면접에서 채운다고 생각하고, 면접을 가기 위한 관문인 체력시험에서는 다치지 않는 데 초점을 두자. 다시 한번 강조하지만 체력시험을 앞두고 절대로 무리하지 말기 바란다.

면접관이 되어보니
보이는 것들

  체력시험까지 끝이 났다. 이제 마지막 관문인 면접만 남았다. 땀에 젖은 운동복을 벗어 던지고, 수험 생활 동안 꾸미지 못했던 나 자신에게 보상이라도 하듯 입고 싶었던 옷을 마음껏 입으며 하루하루를 보낼 수 있다. 필기시험과 체력시험을 준비할 때는 항상 비슷한 옷을 입고, 합격선에 들기 위해 어느 정도 정해진 점수를 목표로 쉼 없이 정진했다. 개성 따위는 중요하지 않았다.

  하지만 면접은 이야기가 다르다. 면접자의 답변에 따라 어느 정도 객관적인 점수 기준표가 마련되어 있을지도 모르지만, 면접은 분명 면접관의 주관적인 호불호가 반영되는 시험이다. 이 사람이 저 사람이랑 잘 맞다고 해서 이 사람이 나랑도 잘 맞을 수 없는 것처럼, A라는 면접관 마음에는 쏙 들 수도 있고 B라는 면접관에게는 최악의 점수를 받을 수도 있다. 그저 아침에 일어나 내 개성을 잘 드러낼 수 있는 옷을 고르는 일처럼, 면접장에서도 내가 갖고 있는 '나'의 생각을 잘 풀어내기만 하면 된다.

면접 준비, 어디서부터 어떻게 해야 할까?
#중요한것은 #오랜만에 #입을연다는것

면접 준비를 시작할 때 가장 크게 고민하는 부분은 학원을 다닐 것이냐, 다닌다면 큰 학원이냐 작은 학원이냐, 스터디를 하느냐 마느냐 등일 것이다. 정해진 답은 없다. 큰 학원이라고 해서 마냥 좋은 것도 아니고, 작은 학원이라고 해서 마냥 좋지 않은 것도 아니다. 하지만 스터디를 할지 말지 고민하고 있다면 스터디만큼은 꼭 해야 한다고 말하고 싶다. 수험 생활을 하면 대부분의 시간 동안 입을 다물고 살아간다. 1년 만에 합격했다면 다행이지만, 수년이 걸렸다면 누군가에게 내 생각을 전달하는 일이 쉽지 않을 수 있다. 수험생일 때는 머릿속에 있는 생각을 전달할 일이 거의 없기 때문이다. "감사합니다. 안녕히 계세요." 편의점에서 김밥 한 줄

사서 나올 때, 서점에서 책 한 권 사서 나올 때 그나마 이렇게 입을 열 기회가 주어진다.

개별 면접은 대략 8분, 단체 면접은 대략 30분이다. 정해진 시간 내에 내 생각을 효과적으로 전달하고 각인시킨다는 것은 생각보다 어려운 일이다. 그렇기에 스터디를 통해 최대한 많이 말해보고, 많이 들어보는 것이 중요하다. 스터디 구성원들의 피드백을 하나하나 체크하고 보완해 다음 스터디 때는 한 발짝 더 성장해야 한다. 면접을 준비할 때는 해야 할 것이 너무 많다. 걸음걸이도 신경 써야 하고, 각종 시사도 공부해야 하고, 나에 대해 알아가는 시간도 필요하다. 하지만 이 모든 것을 표현해내는 수단은 결국 '말'이다. 그러니 면접을 준비할 때는 최대한 말을 많이 할 수 있는 환경을 조성하는 것이 중요하다.

면접, 그날의 기억
#내생의첫정장 #값비싼메이크업 #똑같은수험생들

면접 당일, 생애 처음으로 정장을 입고 구두를 신는다. 비싼 돈을 주고 예약한 메이크업도 받는다. 그렇게 떨리는 마음으로 면접장에 간다. 아는 언니가 보내준 초콜릿 기프티콘 교환을 마친 후

평정심을 유지하기 위해 초콜릿을 한 알씩 입안에 넣는다. 면접장에 도착한다. 모두 똑같은 정장에 비슷한 메이크업, 비슷한 스타일이다. 비슷비슷한 수험생들을 보니 과연 면접관이 날 기억이나 할까 싶기도 하다. 더욱더 내가 어떻게 말하느냐가 중요해진다는 생각이 든다. 모두 똑같은 옷, 똑같은 머리를 하고 강당에 앉아 대기한다. 수험번호가 호명되면 면접을 본다.

개별 면접을 먼저 볼 수도 있고, 단체 면접을 먼저 볼 수도 있다. 나는 단체 면접을 본 후 개별 면접을 보았다. 사전에 단체 면접을 함께 보는 수험생들과 말을 섞어가며 어색한 분위기를 푸는 것도 좋다. 단체 면접이라고 해서 100분 토론처럼 열띤 토론을 하는 것은 아니다. 내가 겪은 단체 면접은 서로의 의견에 귀를 기울이며 자신의 의견을 모나지 않게 덧붙이는 분위기였다.

단체 면접이 끝난 후 개별 면접이 진행되었는데, 개별 면접은 보통 5분에서 7분 사이에 4:1 혹은 5:1로 진행된다. 단체 면접 때는 시선이 분산되었지만 개별 면접은 모든 시선이 나에게로 집중된다. 나의 말, 행동, 시선 하나하나 모두 평가 대상이기 때문에 단체 면접보다 더 정제된 모습이 필요하다. 질문을 하고 바로 다음 질문으로 넘어가는 것이 아니라, 내 답변에 따라 후속 질문이 이어질 수도 있다. 따라서 나에게 맞지 않는 모범답안보다는 생각을 솔직하게 풀어놓는 편이 낫다.

면접관이 되어보니

#이미끝났다고? #아니아직이야

경찰공무원 시험에 합격하고 1년이 지난 시점에 우연히 면접관이 되었다. 선생님을 뵐 겸 잠깐 다니던 노량진 면접학원에 방문한 적이 있는데, 마침 면접 시즌이라 모의면접이 진행되고 있었다. 약속까지 시간이 조금 남아 선생님 옆에서 한 팀의 면접을 참관하기로 했다. 면접관의 자리에 착석하고 수험생들의 입실부터 발언, 그리고 퇴실까지 지켜보았다. 사실 면접자가 뽐내는 지식은 귀에 잘 들리지 않았다. 그보다는 면접자의 느낌, 인상, 자세가 더 눈에 들어왔다. 또 답변하는 과정에서 그 답이 틀린 것 같아서, 완벽하지 않은 것 같아서 말을 하다가 도중에 멈춰버리는 경우도 보았다. 그런데 내용의 맞고 틀림보다는 얼마나 말을 끝까지 잘 맺었는지, 즉 틀린 사실도 맞는 사실처럼 뻔뻔하게 이야기하고 넘어가는 태도가 중요하다고 생각한다. 답변이 틀렸다고 해서 '이미 난 끝났어.' 하는 태도가 눈에 보여서는 안 된다. 지금 일하는 부서의 팀장님이 하셨던 말씀이 있다. "틀려도 맞는 것처럼 넘어가는 유연성이 중요하다."

왜 그런 유연성이 중요한 것일까? 사람은 누구나 실수를 한다. 모든 것을 다 알고 있을 수 없고 그러기도 어렵다. 그렇기에 자신감 없는 모습보다는 틀렸음에도 불구하고 마무리를 잘 하고, 다른 해결책을 찾는 방법이 훨씬 낫다. '1+1'의 답을 묻는 질문에 3이라고 답했다면, 다음 질문인 '1-1' '2-1'에서 만회하면 된다. 왜 그렇게 생각하는지 명확하게 이유까지 덧붙여주면 더욱 좋다. 누구나 완벽할 수 없다. 또한 신임 순경에게 거는 기대도 그렇게 높지 않다. 그저 상황에 맞는 유연함과 기지를 발휘하는 재치와 긍정적인 태도를 바랄 뿐이다.

합격할 수 있었던
세 가지 이유

시험이 끝나고 나면

#버스에서들리는 #채점소리

시험이 끝나고 나면 1시간 내외로 가답안이 공지된다. 카페 등 각종 커뮤니티에서 헷갈렸던 문제를 되짚으며 답이 맞았는지 체크할 수 있다. 가답안을 기준으로 채점을 하고 나면 내가 합격권에 들어갈지 못 들어갈지 어느 정도 감이 잡히고, 점수가 애매하다면 대형 학원 사이트를 이용해 본인의 위치를 확인하기도 한다. 카페에는 이런 글이 도배된다. '제 점수가 ○○점인데 합격 가능

할까요?' '○○ 지역인데 이 정도면 운동하러 가도 되나요?' 필기시험 합격 발표까지 5일 정도가 소요되기 때문에 본인의 위치를 정확하게 파악하고, 다음 필기시험을 준비하거나 체력시험에 대비해야 한다.

나는 시험이 끝나고 집에 귀가하는 버스 안에서 가답안을 대충 보고 헷갈리는 문제만 체크했던 기억이 있다. 온 힘이 다 빠져나간 상태에서 곧바로 채점할 자신이 없었다. 시험 결과에 연연하고 싶지 않았기 때문에 그동안 못 만났던 친구와 점심을 먹고, 저녁은 부모님과 간단하게 먹었다. 그리고 내 방에서 혼자 카페에 올라오는 글을 보면서 새벽을 기다렸다. 가족들이 모두 잠든 시간에 조용히 시험지를 꺼내 가답안으로 채점을 했다. 불합격권의 점수를 마주했을 때의 그 허탈감은 경험해본 자만이 알 것이다. 온몸에 힘이 빠져나가고, 여태 해왔던 노력이 물거품이 된 기분이든다.

시험을 본 후의 느낌은 중요하지 않다. 후회가 얼마나 남느냐가 합격, 불합격을 좌우한다고 생각한다. 나는 총 8번의 시험 중 합격한 마지막 시험을 제외하고는 7번 모두 정말 극단적인 감정기복을 경험했다. 불합격한 7번의 시험은 정말 느낌이 좋거나, 정말 안 좋거나 둘 중 하나였다. 하지만 마지막 시험에서는 일말의 후회도 남지 않았다. 어쩌면 이번 시험을 끝으로 더 이상 경찰공무원 공부에 매달리지 않기로 결심했기 때문인지도 모른다. 드디어 시험이 끝났다는 개운함만이 남았다. 그렇기에 잘 보았냐는 부모님의 물음에도 "뭐 그냥 무난했어."라는 답변이 나왔고, 부모님께서는 '애가 이번에도 떨어졌구나.' 하고 생각하셨다고 한다. 하지만 채점 결과는 합격권이었고, 대형 학원 사이트에 점수를 입력하니 당장 운동을 가도 될 정도로 안정권이었다.

후회가 남지 않아야 하는 이유는 이렇다. '다시 한번 도전해도 이렇게까지는 못하겠다.' 싶을 만큼 모든 것을 쏟아부어야 하기 때문이다. 다시는 이 공부를 하지 않겠다는 생각이 들 정도로 열심히 해야 한다. '더 열심히 할걸.' '이 부분은 좀 더 보고 들어갈걸.' '이 문제만 맞혔으면⋯.' 등의 생각은 모두 핑계일 뿐이다.

어떤 시험이든 마찬가지겠지만 내가 할 수 있는 범위에서 최선을 다했다면 미련이 남지 않을 것이다. 물론 정말 억울하게 한 문제 차이로 떨어지는 경우도 있겠지만, 다 불합격이라는 결과를 합리화하기 위한 변명이라고 생각한다. 내가 합격권에 들지 못한 점수라면 핑계를 대지 말고 원인을 자세히 분석해야 한다.

시험에 재도전할 생각이라면 불합격하더라도 빨리 털고 일어나야 한다. 지난 시험 결과에 얽매이면 더 힘들어질 뿐이다. 또 그동안 애쓴 자신을 보듬어줘야 한다. 그동안 못 먹었던 것, 즐기지 못했던 것을 결과 발표 전까지만이라도 즐기기 바란다. 누군가는 이렇게 재촉할지 모른다. "불합격한 주제에 휴식을 취해? 당장 내일부터 짐 싸들고 독서실로 가!" 하지만 하루이틀 또는 일주일 조금 늦게 공부한다고 해서 시험 결과가 달라지는 것은 아니다. 오히려 재충전을 하며 다음 시험에 붙기 위해 어떻게 해야 하는지, 왜 이번 시험에서 합격권에 미치지 못했는지 분석하고 다른 방안을 찾아야 한다.

합격할 수 있었던 이유
#아르바이트 #일기 #독서

내가 마지막 시험에서 좋은 결과를 낼 수 있었던 세 가지 방법은 다음과 같다.

1. 아르바이트: 사람들과의 만남

합격하기 위해 3년간이나 고군분투한 내가 합격할 수 있었던 이유를 쓴다는 게 사실 부끄럽다. 단기 합격자들도 많고, 그들이 커뮤니티에 올린 노하우가 더 확실한 방법이기 때문이다. 그러니 장수생을 위한 팁 위주로 이야기하려 한다.

나는 마지막 시험을 준비하면서는 아르바이트와 공부를 병행했다. 7번째 시험에 떨어진 다음에는 수험에 드는 비용을 충당하기 위해 주 5일 18~22시 일자리를 구했다. 도서관을 이용해 노량진에서 자취하는 것보다는 비용이 적게 들었지만 그래도 매번 개정되는 책들, 시험에 떨어질 때마다 재결제가 필요한 강의료, 수험 생활 동안 중독된 커피 등 쓰이는 돈이 만만치 않았다. 더불어 집에서 눈치가 보이기도 했고.

혹자는 "수험기간에 무슨 아르바이트? 그냥 그 시간에 하나라도 더 외워라."라고 할 수도 있다. 맞다. 단기 합격을 바란다면 엉뚱한 곳에 눈 돌리지 말고 최대한 집중해서 실력을 끌어올려야 한다. 하지만 수험기간이 2년 이상 넘어가면 이미 내용은 어느 정도 익숙해진 상황이다. 수십 수백 번 본 내용을 초시 때처럼 꼼꼼하게 공부하기도 힘들 것이다. 하루 온종일을 공부에 쏟는 것도 몇백 일간 반복해왔기에 무리가 있고, 나 자신을 잃어버린 느낌도 많이 받았을 것이다.

내가 노량진에 절대 가지 않은 이유 중 하나는 스스로 수험생이라는 사실에 익숙해질 것 같았기 때문이다. 물론 신분이 수험생, 아니 백수인 게 맞지만 그 사실에 익숙해지다 보면 타성에 젖어 불합격에도 점점 익숙해질 것 같았다. 반면 아르바이트를 하면, 그러니까 수험생이 아닌 사회 사람들을 자주 접하게 되면 더 많은 자극을 받을 수 있다. 업무 시간에 업무를 하고, 휴일에는 쉬면서 자기계발을 하는 누군가를 보면서 스스로 수험 생활에 활력을 불어넣을 수 있었다. 이처럼 사회에서 진취적으로 생활하는 제3자를 보며 자극을 받는 것도 좋은 방법이다.

2. 독서: 동기 부여

항상 마음이 지치면 위로를 받고 싶어 책을 찾았다. 자극이 필요할 때는 자기계발서를 찾기도 했다. 하루 종일 수험서만 보다가 누군가 나를 위로해주는 글, 누군가 목표를 성취한 글을 읽고 나면 머리가 맑아졌다. 그렇게 심란할 때면 책을 통해 다시 마음을 다잡을 수 있었다. 수험 생활은 항상 나 자신과의 싸움이다. 긍정적인 자극도 오로지 나에게 달려 있다. 좋지 않은 동형모의고사 점수, 피곤해서 늦게 일어난 하루, 공부가 잘되지 않아 무의미하게 흘려보낸 하루 역시 모두 나에게서 나오는 것이다. 그러니 아르바이트를 하기 힘든 수험생이라면 독서를 통해서라도 새로운 자극을 받기를 추천한다.

3. 일기: 자신의 감정 인지하기

일기를 매일 꾸준히 쓴 것은 아니지만 심신이 지쳤을 때면 노트를 펼치고 펜을 잡았다. 내 감정을 솔직히 써 내려갈 때면 응어리가 씻겨 내려가는 기분이 들었다. 수험생은 보통 자신의 감정

상태를 인지하지 못하고 무시하는 경향이 있다고 생각한다. 왜 자신의 감정이 이런지도 모른 채 '그냥 공부하는 게 힘들 뿐이다.'라고 생각하고 넘어가는 것이다. 감정 기복이 심해지면 머리에서 받아들이는 정보의 양과 질도 달라지므로 깨끗한 마음가짐을 유지하는 편이 공부에도 도움이 된다. 평온한 감정을 유지하려면 자신의 감정을 점검해야 하는데, 이때 일기가 큰 도움이 된다. 시험 합격 여부는 오로지 자신에게 달려 있다. 강사의 실력을 탓할 수도 없고, 그날의 날씨나 컨디션을 탓할 수도 없다. 시험을 보러 가는 주체인 '나' 자신부터 잘 관리해보자.

수험생일 때도
행복할 수 있었는데

지금 이렇게 살고 있지 않나요?

#외모 #TV #친구 #연애 #시간

수험 생활을 시작할 때 우리는 다시 고3 시절로 돌아간다. 두꺼운 책을 견뎌낼 수 있는 커다란 백팩과 멋을 포기한 트레이닝복 세트는 기본이고, 스마트폰은 방해가 되니까 요금제를 줄이거나 2G폰을 선택하기도 한다. 친구와의 연락은 최소한으로 미루고, 연애도 합격 후로 미루고, 한창 아름답고 멋질 나이에 꾸미는 것도 포기한다. TV 드라마와 게임의 유혹도 떨쳐내고, 공부 시간을 조금이라도 더 확보하기 위해 잠을 줄인다. 포기하는 것이 하나둘 늘어가니까 행복도 줄어든다고 생각한다. 공시생일 때는 행복할 수 없다는 생각만 하게 된다. 무조건 행복은 합격 후에 찾아올 것이라고 믿으면서 말이다.

나 또한 수험 생활을 시작할 때 친구들과의 연락도 최소화하고, 오고 가는 동선도 최소화했다. 시간과 마음을 다른 곳에 빼앗기면 공부할 때 잡생각이 많이 들기 때문이다. 친구들의 전화도 받지 않았고, 도서관을 오고 가는 시간이 아까워서 집에서 공부했으며, 아르바이트 가는 날을 제외하고는 늘 잠옷이 데일리룩이었다.

공시생의 하루에서도 행복을 찾을 수 있다
#일상속행복은 #가까이에있다

분명 공부에 방해되는 요소라면 수험 생활 동안 절제하는 편이 낫다. 특히 시간과 마음을 빼앗기는 일은 최소한으로 하는 것이 좋다. 그런데 너무 과하게 소소한 행복을 절제하고 포기하는 것은 좋지 않다. 수험 생활도 충분히 행복하게 할 수 있다. 그런데 왜 우리는 그러한 소소한 행복을 놓치고 사는 걸까? 일상에서 포기하지 않아도 되는 행복까지 다 놓쳐가면서 시험을 준비할 필요가 있을까?

꼭 여행을 가야만, 친구를 만나야만, 연애를 해야만 행복할 수 있는 것은 아니다. 우리는 경찰이 되기 위해 공시생이 되었다. 공시생이 되었다고 해서 우리에게 주어지는 일상 속 행복을 전부 미룬다면 하루하루가 너무 각박하지 않을까?

아침에 눈을 뜨면 대개 5분만 더 자고 싶다는 생각과 빨리 일어나 하나라도 더 봐야 한다는 생각 사이에서 갈등한다. 그래도 이불을 박차고 나온다. 빠르게 씻고 밥 먹고 공부할 공간에 가기 위한 준비를 마친다. 우리는 이 시간을 공부하러 가기 위한 준비 시간이라고만 생각한다. 밥을 먹으면서도 어제 못 외웠던 부분을 외우려 하고, 허겁지겁 준비를 마치고 나가려고 한다. 이렇게 쳇바퀴 돌듯이 살면 일상의 행복을 놓칠 수밖에 없다. 잠시 샤워를 할 때만이라도 마음이 편안해지는 음악을 들으면서 뇌를 맑게 해줄 수 있지 않은가? 상쾌한 음악과 샤워로 아침의 문을 여는 것이다. 공부하러 집을 나설 때는 아침 바람을 그대로 느끼며 상쾌한 기분을 유지해보면 어떨까? 일상의 소소한 행복을 챙겨야 오늘 하루 오랜 시간 공부하는 힘을 얻을 수 있다. 공부로만 가득 찬 머리를 잠시 쉬어주면서 오로지 걷기에 집중하는 것이다. 독서실, 도서관, 학원에 갈 때 매번 똑같은 길로 가는 것이 아니라 가끔씩 색다른 길로도 가보고, 날마다 마시는 커피도 종류를 바꾸는 등 일상에 조금이라도 변화를 주는 것이다.

공부 외적인 부분에서 조금씩 사소한 행복을 찾아야 한다. 만일 목표로 한 시간만큼 집중해서 공부했다면 집에서는 온전한 휴식을 취하는 것이 좋다. 속이 차분해지는 차를 마시면서 고요하게 하루를 마무리하면 어떨까? 지쳐 쓰러질 때까지 공부하다 잠들기보다는 내일 또다시 공부할 수 있는 힘을 비축해두는 것이다. 또 일주일에 하루 정도는 하고 싶은 일을 하는 등 재충전의 시간이 꼭 필요하다. 하루가 너무 길게 느껴진다면 반나절 정도라도 온전히 쉴 수 있도록 시간을 비워야 한다. 일주일 내내 앞만 보고 달리면 금방 슬럼프에 빠질 수 있다. 잠깐이라도 천천히 갈 수 있는 시간을 줄 필요가 있다.

휴식 시간에는 좋아하는 영화나 TV 프로그램 등을 보면서 시간을 보내도 된다. 평일에 방영하는 드라마를 참을 수만 있다면 주말에 2편 정도씩은 몰아 봐도 괜찮다. 나 역시 주말에는 반나절에서 하루 정도 시간을 내어 내가 좋아하는 예능과 영화로 지친 심신을 달래주었다.

내가 선택한 목표를 위해 시험을 준비하고, 취업을 준비하는 것은 죄가 아니다. 그런데 공시생들은 마치 죄인인 양 살아가는 경우가 너무 많다. 아는 사람을 마주칠까 봐 큰 길로 다니지 않고 뒷골목으로 다니거나, 늘 부모님이 잠든 후에 귀가하거나, 휴학계를 내고 공부했는데 합격이 쉽지 않아 복학 후에도 숨어 다니는 경우를 흔히 볼 수 있다. 인생은 길다. 합격이 조금 늦어진다고 해서 인생이란 긴 레이스에서 뒤처지는 것은 절대 아니다.

조금 늦는다고 해서 뒤처지는 게 아니야

#'성장'을한 #독서모임 #뜨거운붕어빵

수험생 시절, 우연히 블로그 이웃이 독서모임을 모집하는 것을 보았는데, 너무 참여하고 싶었지만 당시에는 합격 이후로 미룰 수밖에 없었다. 그리고 합격 후 9월, 나는 버킷리스트 중 하나였던 독서모임에 가입했다. 독서모임의 주제는 '성장'으로, 말 그대로 성장에 욕심이 있는 사람들이 2주에 한 번씩 만나 서로 이야기를 털어놓으며 함께 성장을 도모하는 식으로 운영되었다. 독서모임장은 과거 1기 때는 모임을 끌어가야 한다는 생각에 거의 모든 주제를 직접 리드했는데, 2기 때부터 서로의 이야기를 들어주는 방식으로 방향을 바꾸니 훨씬 효과가 좋은 것 같다고 이야기했다. 주최자인 자신이 이야기를 덜하고 듣는 데 집중하니 반응도 좋고 서로 의사소통도 잘되는 것 같다고. 나 역시 잊을 수 없는 독서모임으로 기억에 남았고, 내 인생에 있어 가장 큰 전환점이 된 시간이었다. 시험이 막 끝난 시점이어서 자칫 현실에 안주할 수 있는 상황이었는데, '성장'을 위한 독서모임은 나에게 끊임없는 성장마인드를 심어주었다. 내가 참여하지 못했던 1기 독서모임의 주제는 '경제적 자유'였다. 1기를 놓쳐서 오히려 나와 더 잘 맞고 개선된 독서모임에 참여할 수 있었다.

문득 길거리에서 파는 붕어빵이 떠올랐다. 붕어빵은 줄을 선 순서대로 먼저 받을 수 있다. 그런데 먼저 줄을 선다고 해서 늘 좋은 것은 아니다. 먼저 받은 붕어빵이 조금 식어 있을 수도 있고, 내 다음 차례부터 새 붕어빵을 받을지도 모른다. 기다리는 시간은 좀 더 늘어날 수도 있지만 새롭게 만든 뜨거운 붕어빵은 호호 불어가며 먹는 즐거움이 있다. 이처럼 조금 늦는다고 해서, 조금 빨리 간다고 해서 모든 일이 순서에 따라 풀리는 것은 아니다. 조금 늦게 가는 것이 오히려 좋을 때도 있다. 그저 흐름에 맡기면 된다. 물론 공시생은 빨리 합격하는 것이 시간과 비용을 최소화하는 방법이기에 수험 생활은 최대한 빨리 끝내는 것이 좋다. 하지만 100% 노력했는데 떨어졌다면 조금 늦었음에 자책할 필요도, 행복을 포기할 필요도 없다. 한 번의 실패가 더 좋은 기회를 줄 수도, 가르침을 줄 수도 있으니까.

어쩌면 벌써부터 '경찰'에 대해 고민한다는 게 거만한 태도일지도 모른다. 경험해보지도 않고 섣부르게 판단을 내릴 수도 있기 때문이다. 아직 실습도 시작하지 않은 교육생일 뿐이었으니까. 그런데 무엇이든 정답은 없다. 아니, 앉아서 고민한다고 해결되는 것은 아무것도 없다. 아무리 앉아서 고민해봐야 결국에는 직접 부딪치며 실행하고 깨닫는 과정이 필요하다. 내가 어느 부서에 있든, 어느 팀에 있든 할 수 있는 한 최선을 다해봐야 알게 된다.

우리가 몰랐던
중앙경찰학교 이야기

조국은 그대를
믿노라!?

젊은 경찰관이여, 조국은 그대를 믿노라
#입교첫날 #생활실 #안내방송 #운동장 #명찰

2020년, 드디어 3년간의 수험 생활을 마치고 중앙경찰학교에 입교하게 되었다. 4개월을 중앙경찰학교에서 보내야 하니 캐리어에 짐을 한가득 싣고 충주로 떠났다. 겨울 기수여서 발열내의를 입지 않으면 안 되는 날씨였다. 참고로 필수 입교 준비물이 있긴 하지만 너무 바리바리 챙기는 것은 추천하지 않는다. 시기에 따라 그때그때 필요한 물품이 달라지고, 중앙경찰학교 내에서도 택배를 주고받는 것이 가능하기 때문이다. 그런데도 나는 이것저것 챙겨 캐리어가 빵빵해졌지만.

입교 첫날, 드디어 수험생 때 동기 부여에 큰 도움이 되었던 '젊은 경찰관이여, 조국은 그대를 믿노라' 문구가 보이는 정문에 도착한다. 학교 입구는 생각보다 훨씬 더 웅장하다. SNS로만 보던 문구 앞에 드디어 내가 서 있게 되다니 감회가 새롭다. 나보다도 더 기뻐하시는 부모님과 함께 사진을 몇 장 찍고, 입교 전 마지막으로 가족과 점심식사를 한다. 입교 시간은 14시. 시간이 다가오면 중앙경찰학교 운동장은 사람들로 붐빈다. 저마다 가족, 친구, 연인과 함께 사진을 찍으며 행복한 시간을 보낸다. 이제 생활실을 배정받아 들어갈 시간이다.

생활실 번호를 배정받고 발걸음을 옮긴다. 생활실 문 앞에 서면 나의 이름과 소속청이 쓰여 있다. 합격 여부가 피부로 와닿는 순간이다. 위아래로 쓰여 있는 동기들의 소속청과 이름을 확인한다. 24시간 같이 붙어 있을 동기들은 어떤 사람일까? 중앙경찰학교 생활의 8할 이상은 함께하는 동기들과의 합에 달려 있다. 각기 다른 4명이 4개월 동안 한 공간에서 지낸다는 것은 맞지 않는 옷을 억지로 입은 것처럼 불편할지 모른다.

문을 열고 들어가니 4개월간 같이 지낼 동기 3명이 먼저 짐 정리를 하고 있었다. 어색하게 인사를 주고받으며 서로의 인상을 스캔한다. 동기들과 인사를 나누고 짐을 정리하면서부터 지시사항에 맞춰 움직여야 한다. 가장 적응이 안 되는 부분일 것이다. 시시때때로 나오는 안내방송에 귀를 기울이고, 지시사항대로 움직여야 한다.

첫날은 짐 정리, 서류 작성 등으로 시간이 다 가고, 다음 날에는 중앙경찰학교에서 4개월간 입을 보급품을 받는다. 방송 순서에 따라 피말라야(중앙경찰학교의 피복 창고를 뜻하는 은어로, 히말라야만큼 춥다는 뜻)에 가서 각자의 사이즈에 맞게 신발, 생활복, 기동복, 점퍼 등을 받는다. 각자 보급품을 받고 생활실에 돌아오면 동기들과 서로 사이즈를 봐주며 추억사진을 남기기에 바쁘다. 공포의 1단계는 생각지도 않은 채.

공포의 1단계
#단체생활 #301개PT #초심은어디에

드디어 공포의 1단계가 시작되었다. 1단계라고 불리는 이 훈련은 적응 훈련이다. 제식 훈련, 체력 훈련, 단체 운동, 중앙경찰학교 트레킹, 희망 행진 등 주로 신체적인 훈련 위주로 이루어져 있다. 앞으로의 단체 생활을 위한 적응 단계라고 생각하면 된다. 남자 교육생은 대부분 군대를 다녀온 경험이 있기 때문에 이 생활에 큰 어려움을 겪지 않는다. 하지만 여자 교육생은 단체 생활도 처음이고, 훈련도 생소해서 처음엔 조금 힘들 수 있다. 1단계 동안에는 꼭 40명 단위로 움직여야 하는데, 처음엔 힘들지만 그래도 다들 금방 적응하는 편이다.

아마 입교하기 전에 공포의 1단계에 대한 소문은 익히 들어서 알고 있을 것이다. 나 또한 신체적으로 얼마나 고될지 걱정되기도 했다. 하지만 체력시험을 통과한 교육생이라면 이 정도 훈련쯤은 거뜬할 것이다. 1단계가 힘든 이유는 신체 훈련 때문만이 아니다. 처음부터 끝까지 함께 움직여야 하기 때문에 더 힘든 것이다. 밥을 먹을 때도 다 먹지 않은 동기가 있다면 끝까지 기다린 후에 40명이 한꺼번에 이동해야 한다. 이렇게 늘 같이 움직여야 하고 혼자 튀는 행동을 하면 안 된다. 그런데 중앙경찰학교에서 마주한 모든 동기들과 마음이 맞을 수도 없고, 행동 패턴도 각자 다를 수밖에 없다. 필기시험이 끝난 후 마음 놓고 불규칙적인 수면 패턴을 유지해왔다면 6시 정각 기상에도 애를 먹는다.

아침에 일어나 구보를 하고, 정해진 일정에 맞춰 이동하고, 신체 훈련과 기본 교양 등에 대해 배우고, 더불어 졸업한 선배님들의 이야기까지 들으면 어느새 금방 취침 시간이 다가온다. 한마디로 1단계의 2주 동안은 중앙경찰학교 패턴에 나를 맞추는 기간이라고 생각하면 이해가 쉽다. 이렇게 정신없는 하루를 반복하다 보면 어느새 1단계의 끝이 보인다. 1단계의 마무리를 알리는 것은 기수PT다. 신체 훈련 마지막 시간에 각 기수의 숫자만큼 PT를 하게 되는데, 나는 301기였기에 301개의 PT를 끝으로 1단계를 마무리했다. 동기들과 함께 하는 PT인 만큼 서로 의지하며 끝까지 해낼 수 있었다. 이렇게 힘든 과정은 딱 2주만 견디면 끝난다. 처음에는 같은 학급 동기의 이름도 헷갈리고, 지리도 익숙하지 않아 적응하느라 2주가 정신없이 지나간다.

1단계가 끝나면 외박을 나갈 수 있는 기회가 주어진다. 친구에게 내가 경찰에 합격했음을 알리는 포돌이, 포순이 인형을 가지고 각자의 고향으로 떠난다. 2주 동안 달력에 '×'표를 그으며 그토록 기다렸던 외박 시간. 0.1초와 같은 외박을 나갔다 오면 2단계가 시작된다. 수험생 때 꿈꿔온 본격적인 중앙경찰학교의 생활이 시작되는 것이다. 푸른 하늘 아래 푸른 제복을 입고 동기들과 사진으로 추억을 남기고, 자유롭게 매점을 이용하고, 원하는 무도 수업을 듣고, 실제로 순찰차를 운전해보는 등 많은 것을 누리고 배우게 된다.

학급장과 수송장, 각종 수업의 조교, CPA크리에이터, 한 번쯤 해보고 싶었던 방팅, 연애, 중경의 밤 등 두고두고 떠올릴 추억거리는 대부분 2단계에서부터 본격적으로 시작된다. 그동안 고생한 수험생들은, 아니 중앙경찰학교 교육생들은 어떻게 하루를 보내게 될까?

중앙경찰학교의
하루 일과

제2의 캠퍼스 생활은 어떻게 시작될까?

#학과출장 #학급 #근무복

이제 본격적인 중앙경찰학교 생활이 시작되었다. 체포술, 사격, 운전을 비롯해 다양한 학과 수업을 들으며 경찰이 무엇을 알아야 하는지, 어떤 능력이 필요한지 간접적으로 경험해볼 수 있는 단계다. 대학교 이후 제2의 캠퍼스 생활이 시작되었다고 생각하면 이해가 쉽다. 2단계 때는 기동복을 졸업하고 근무복을 입게 된다. 그토록 입고 싶었던 청색 셔츠에 적색 넥타이를 교복처럼 입고 학급에서 수업을 듣는다. 동기들과 조금씩 가까워지고 추억을 쌓기 가장 좋은 시기다. '중앙경찰학교에서 배운 것을 갈고닦아 현장에 가겠다!'라고 다짐하지만 현장과 수업은 다를 수밖에 없다. 현장은 실습 때 적응하면 된다. 2단계 때는 각 수업의 교수님들과 최대한 많이 교류하고, 동기들과 추억을 많이 쌓는 것을 추천한다.

이 시기에는 특히 시간을 잘 활용하는 것이 중요하다. 중앙경찰학교 내에서 경험해볼 수 있는 것이 많기 때문에 계획을 잘 세워야 한다. 마음 맞고 취미가 같은 동기들과 학과 외의 시간도 충분히 활용할 수 있다. 학생회 활동을 하고 싶다면 교육장, 학급장을 거치며 리더십을 기를 수 있고, 취미 생활을 즐기고 싶다면 CPA크리에이터, 유도 동아리, 종교 활동, 드론 동아리 등을 활용하면 된다. 학과 수업 후 힘들다는 이유로 생활실 침대에만 붙어 있는 것은 추천하지 않는다. 길어야 6개월, 짧으면 4개월이다. 다시 돌아오지 않을 중앙경찰학교 생활을 마음껏 누리기 바란다. 수험 생활 동안 하지 못했던 일과 아쉬웠던 부분을 곰곰이 다시 생각해보고, 옆에 동기가 있음에 감사하며 알차게 2단계를 보냈으면 하는 마음이다.

봄에는 벚꽃으로 설렘이 물드는 캠퍼스, 여름에는 초록빛으로 생명력 가득한 캠퍼스, 가을에는 단풍이 물들고 사색이 가득한 캠퍼스, 겨울에는 눈이 내려 빗자루와 함께해야 하는 캠퍼스. 어느 계절에 입교하더라도 청명한 하늘과 야경, 중앙경찰학교의 네온사인을 볼 수 있는 권리는 보너스다. 그토록 바라왔던 근무복을 입고 중앙경찰학교 캠퍼스 생활을 즐겨보자. 물론 일반 대학교처럼 자유롭지는 않다. 주어진 규율 내에서 시간을 어떻게 잘 활용하고, 사람들과 얼마큼 추억을 쌓을지는 본인에게 달려 있다. 이제는 취업 걱정도, 교육비 걱정도 없을 테니까.

중앙경찰학교의 하루를 구체적으로 살펴보면 다음과 같다.

1. 아침 시간: 3초간 함성, 5초간 함성!

중앙경찰학교의 아침은 6시에 시작된다. 기상음악과 함께 교육생들은 눈을 뜨고 이불을 갠다. 지도교수님이 생활실을 상시 점검하기 때문에 정해진 방식으로 깔끔하게 이불의 각을 잡아야 한다. 성향에 따라 먼저 일어나서 준비하는 동기도 있는 반면 기상음악과 함께 일어나는 동기도 있다. 기상 후 바로 '아침맞이'라는 일과가 있어 여유 있게 샤워하고 준비할 시간이 없다. 대충 구강청결제로 입안을 헹구고 간단하게 용모를 점검한 후 마스크로 최대한 얼굴을 가린 채 생활복 차림으로 집합한다. 집합 후 간단히 지도교수님의 말씀을 듣고 대운동장으로 이동한다. 2천 명에 육박하는 교육생들이 집합하면 국기에 대한 경례, 애국가 제창, 경찰가 제창 등을 하게 된다. 목을 풀기 위해 '3초간 함성' '5초간 함성'을 적보산의 기운과 함께 외친다. 이후에는 공포의 아침구보가 이어진다. 거리가 길거나 속도가 빠르지는 않지만 기상 후 바로 해야 한다는 점 때문에 아무도 아침구보를 반기지 않는다. 그렇게 "하나 둘, 하나 둘, 하나 둘 셋 넷, 하나 둘 셋 넷!"을 외치며 함께 운동장을 뛴다. 다 돌고 나면 순서에 따라 식당으로 이동해 아침을 먹는다.

2. 오전 시간: 환복 후 이어지는 일과

아침식사를 마치고 생활실에 도착하면 7시~7시 15분이다. 각자 생활실로 돌아가 8시 30분에 있을 학과 출장을 위한 준비를 한다. 단체 생활 초기에는 공용 샤워실에서 샤워를 하고 준비하는 것이 익숙하지 않을 수 있다. 하지만 일주일 정도 적응하고 나면 모든 준비를 끝마치고도 개인 시간이 남게 된다. 이때 부족했던 잠을 보충하거나, 책을 읽거나, 동기와 수다를 떠는 등 각자의 방식으로 시간을 보낸다.

준비 시간 동안 근무복으로 환복을 한다. 근무복인 만큼 거울을 보며 깔끔하게 정돈되어 있는지 확인해야 한다. 학과 출장을 가는 길목 등에서 수시로 지도교수님들이 매의 눈으로 지켜보고 있기 때문이다. 근무모, 장갑, 넥타이, 머리망 등을 빼먹었다면 벌

점을 받을 수 있다. 모든 것이 완벽하게 준비되었다면 생활실 동기들과 함께 수업이 있는 강의동으로 이동한다.

3. 점심 시간: 배고픔이 극에 달하는 시간

오전 9시면 학급마다 학과 수업이 시작된다. 12시까지 한 과목 내지 두 과목의 시간표로 이루어진다. 교수님들마다 스타일이 조금씩 다르긴 하지만 50분 수업, 10분 휴식이 일반적이다. 교수님들은 현장에서 필요한 생생한 팁을 많이 알려주신다. 50분 수업, 10분의 단잠을 반복하다 보면 어느새 점심 시간이 다가온다. 공식적으로는 12시까지 수업이지만 교수 재량에 따라 조금 일찍 끝나기도 한다. 11시 30분부터 교육생들은 엉덩이가 들썩인다. 인원이 많은 만큼 점심식사를 조금 늦게 시작하면 맛있는 메인메뉴를 양껏 먹지 못할 수도 있기 때문이다.

4. 오후 시간: 커피는 필수, 잠이 쏟아지는 시간

점심을 먹고 나면 13시 40분 학과 출장 전까지 자유 시간이 주어진다. 교육생들은 운동을 하거나, 매점에서 후식을 즐기는 등 역시 각자의 방식으로 시간을 보낸다. 교실에 도착하면 14시부터 다시 수업이 시작된다. 점심을 먹은 후여서 가장 졸린 시간대다. 대부분의 교육생은 자판기에서 커피를 하나씩 뽑아 들고 수업에 임한다. 아마도 이때 자판기의 매출이 가장 좋지 않을까. 오후 수업 역시 쉬는 시간마다 화장실을 가거나, 매점에서 사온 간식을 먹으며 동기들과 이야기꽃을 피운다. 중앙경찰학교의 포토존도 북적북적하다. 밝은 분위기가 계속된다. 오후 수업이 끝나고 저녁을 먹으면 이제 일과는 청소와 '저녁맞이'만 남는다. 21시까지는 완전한 자유 시간이 주어진다. 중앙경찰학교 2천여 명에 달하는 교육생들은 이 자유 시간을 어떻게 보낼까?

5. 저녁 시간: 목표를 이룰 수 있는 시간

저녁 시간은 아침, 점심보다는 훨씬 자유롭고 활용할 수 있는 시간이 길다. 교육생들은 휴식을 취하거나, 동아리 활동, 종교 활동, 운동, 공부 등을 하며 시간을 보낸다. 한 가지 팁을 주자면 저녁 시간에 무엇을 할지 미리 명확하게 계획을 세우는 것이 좋다. 동기와 추억을 만드는 것도 좋고, 몸 만들기도 좋고, 원 없이 책을 읽는 것도 좋다. 각자의 성격과 기준에 따라 후회만 남기지 않으면 된다.

딱히 하고 싶은 것이 없다면 운동장에라도 나가자. 운동장은 특히 저녁 시간에 많이 붐빈다. 중앙경찰학교의 체력 평가를 통과하기 위해 교육생들은 보통 학급끼리, 생활실끼리 모여서 운동을 한다. 트랙을 뛰거나, 배드민턴을 치거나, 축구를 한다. 다양한 교육생들이 모여 있기 때문에 운동에 대해 잘 아는 동기가 주도적으로 자세와 강도를 조절해주기도 한다. 딱히 하고 싶은 활동이 없다면 운동장에 나가기라도 하자. 그럼 체력을 조금이라도 더 키워서 졸업할 수 있지 않을까?

간혹 혼자서 에너지를 충전해야만 하는 사람들도 있다. 잠자는 시간을 제외하고는 온종일 단체 생활을 해야 하기 때문에 개인 시간을 중요하게 여기는 성향이라면 혼자 재정비하는 시간도 반드시 필요하다. 그런 성향이라면 조용한 장소를 찾아 본인만의 시간을 보내길 바란다.

21시가 되면 21시 20분까지 정해진 구역별로 청소를 한다. 가장 무난한 생활실부터 강도가 높은 분리수거, 화장실 등 구역은 다양하다. 청소까지 끝마치고 나면 저녁맞이가 시작되고, 저녁맞이까지 끝나면 중앙경찰학교에서의 하루가 완전히 마무리된다. 취침 시간인 22시 30분까지 교육생들은 부모님, 친구, 연인과 통화하거나 침대에 누워 하루를 마무리한다.

중앙경찰학교 생활은 이렇게 하루하루 똑같이 반복된다. 하지만 본인이 시간을 어떻게 활용하느냐에 따라 무료하게 느껴질 수도, 하루하루 새로울 수도 있다. 이 기간 동안 시간을 어떻게 활용하면 좋을지 진지하게 고민해보기 바란다.

나는 어떤 동기를
만나게 될까?

2030 동기들 만나서 반가워

#동기 #2030 #경쟁 #언니 #형 #동생

수험생 시절, 먼저 합격한 친구들이 SNS에 올린 중앙경찰학교 사진을 보면서 참 부러워했던 기억이 있다. 친구들이 생활실 동기들과 여행을 가서 찍은 사진을 보면 우리의 버킷리스트는 한 줄 더 늘어난다. '나도 빨리 합격해서 좋은 동기들을 만나 추억을 만들어야지.' 기숙사 생활을 안 해봤다면 동기들과의 합숙 생활이 더 기대될 것이다.

중앙경찰학교에 입교하면 "남는 건 동기뿐이야. 그러니까 옆에 있는 동기들과 사이 좋게 지내고 좋은 추억 많이 쌓아."라는 말을 자주 듣게 된다. 교수님들도 옆에 있는 동기들의 중요성을 강조하신다. 동기와의 관계가 중요한 이유는 무엇일까? 우리가 현장에서 겪는 어려움을 공감해줄 수 있는 사람은 같은 직업을 가진 동기뿐이기 때문이다.

일터에서 느끼는 기쁨과 슬픔을 진심으로 나눌 수 있는 사람은 동기뿐이다. 서로 조언을 주고받으며 의지할 수 있는 관계다. 같은 시기에 입교해 서로 겪는 상황이 비슷하기도 하고, 나이대도 비슷하다. 이미 신입 시절이 지나버린 소장님, 팀장님, 선배님은 우리와 같은 감정을 느끼기 힘들 수밖에 없다. 그래서 발령 이후에도 동기들과의 인연은 쭉 이어진다.

중앙경찰학교에 입교하면 생활실 동기들과 많은 시간을 보내게 된다. 같은 생활실에서 4~8명씩 4개월을 함께하는데, 물론 각자 자라온 환경이 다르기 때문에 성격이 안 맞는 동기도 있을 수 있다. 그렇게 처음 보는 언니, 형, 동생과 24시간을 같이 붙어 있어야 하다 보니 처음에는 조금 어색할 수 있다. 하지만 20~30대 또래가 모여 있기 때문에 공감대가 쉽게 형성되고 말도 잘 통해 금방 친해진다.

발생할 수밖에 없는 갈등
#기분이태도가되지않게 #말조심

생활 초반에는 서로 조심스럽게 행동하기 때문에 무난하게 흘러간다. 하지만 나중에 서로 편해지다 보면 소소한 갈등이 발생하기 마련이다. 보통 사소한 부분에서 의견 차이가 발생하는데, 잘 풀고 졸업하는 경우도 많지만 좀처럼 갈등을 풀지 못한 채 졸업하는 경우도 흔히 볼 수 있다. 왜 이런 갈등이 발생하는 것일까?

갈등이 발생하는 이유는 상대방의 생각과 행동을 이해하지 못하기 때문이다. 우리 모두 성인이 되어 각자 자신만의 기준과 잣대가 있으니 당연한 일이다. 하지만 누군가가 마음에 들지 않다고 해서 그 단점을 입 밖으로 꺼내어 주변 동기들을 선동해서는 안 된다. 물론 모두 올바른 가치관을 지니고 있는 성인이기 때문에 험담을 한다고 쉽게 선동되지 않겠지만, '예비 경찰'이라는 타이틀을 가지고 있는 한 남의 이야기를 입에 올릴 때는 다시 한번 신중히 생각하기 바란다. 옆에 있는 동기에게 굳이 다른 동기에 대한 나쁜 선입견을 심어줄 필요는 없다. 누군가에 대한 이야기를 꺼내는 것은 자신의 뒷담화에 공감해달라는 말밖에 되지 않는다.

중앙경찰학교 생활을 해보면 분명 좋은 동기들이 훨씬 많다. 하지만 생각보다 정말 사소한 갈등이 발생한다. 대화로 충분히 해결할 수 있는 문제도 해결이 안 되는 경우가 비일비재하다. 이런 경우 제3자라면 어느 쪽에도 치우치지 말고 중립을 지키는 것이 좋을 것이다. 경찰은 항상 객관적인 입장을 유지해야 하는 직업이다. 친한 동기, 친한 친구라는 이유로 감정적으로 판단하기보다는 객관적인 시선에서 판단하기를 바란다. 자신의 말과 행동에 책임져야 할 성인으로서 서로가 서로에게 현명한 동기가 되어주었으면 한다.

각자도생 사회에서 동기라고요?

#같은직장 #정년퇴직 #나이 #지역

'동기'라는 명칭은 같지만 대학교 동기와 중앙경찰학교 동기는 느낌이 조금 다르다. 대학교 동기는 대개 졸업 후 나아가는 방향이 다른 반면, 중앙경찰학교 동기는 같은 직장에서 정년퇴직까지 함께하는 경우가 많다. 중앙경찰학교 동기는 같은 조직 내에서 비슷한 경험을 하게 되고, 모두 같은 출발선에서 시작하기 때문에 서로 도울 수 있는 부분도 많다. 그래서 10살 이상 차이가 나도 나이와 무관하게 허물없이 지낸다. 지역이 달라도 마찬가지다. 졸업후 지역이 멀어 자주 보지 못하더라도 분명 언젠가는 도움을 주고

받게 될 것이다.

'인생은 혼자 사는 거야! 각자도생 사회니까!'라고 생각할 수도 있다. 인생은 혼자 사는 것이 맞지만 가끔은 혼자 해결할 수 없는 문제가 생기기도 한다. 어떤 결정이든 최종 선택은 내가 하는 게 맞다. 그러나 그 과정에서 누군가의 경험담과 조언이 필요할 때도 있다. 꼭 문제가 생기지 않더라도 가끔은 누군가에게 기대고 싶을 때도 있기 마련이다.

"동기뿐이다."라는 말을 지겹게 들어서일까? 입교 초기에는 거부감이 들기도 했다. 실제로 연락하고 지내는 동기가 없다고 해서 조직 생활을 하는 데 무리가 있는 것도 아니다. 하지만 믿고 의지할 사람이 많을수록 도움이 되는 것은 사실이다. 물론 동기와 원활한 관계를 유지하려고 자신을 상대방에게 억지로 맞추거나, 상대방이 나에게 잘 맞춰주기를 바랄 필요는 없다. 본인이 지치지 않는 선에서 자기 자신을 지켜가며 건강한 관계를 맺으면 된다.

중앙경찰학교에
가는 이유

　4개월간 중앙경찰학교 생활을 한 다음에는 4개월간 실습생이
되어 파출소 실습을 진행한다. 흔히 중앙경찰학교라고 하면 썸,
연애, 동기와의 추억 등을 연상하며 '나도 꼭 제복을 입고 제2의
캠퍼스 생활을 즐기겠다!'라고 생각하는 사람이 많다. 물론 썸도
있고, 연애도 있고, 동기와의 추억도 잊을 수 없다. 하지만 파출소
실습까지 끝내고 보니 중앙경찰학교의 중요성을 여실히 깨달을
수 있었다. 중앙경찰학교 교육 과정은 하나부터 열까지 모두 현장
과 맞물려 있다. 초보 경찰관이 현장에 나가서 잘 생활하고 적응
할 수 있도록 시스템이 잘 짜여 있다. 운전을 배우고, 사격을 배우

고, 킥스(수사시스템)를 배우는 것도 중요하지만, 이렇게 눈에 보이는 기본적인 과정 외에도 꼭 놓치지 않고 제대로 인지하고 배워야 할 부분이 있다.

사실 중앙경찰학교에서 배웠던 내용은 현장에 나오면 거의 백지화된다. 머릿속에 남아 있는 거라곤 약간의 무전 약호 정도가 전부다. 아마 현장에 나가면 맛있었던 중앙경찰학교의 급식만 떠오를지도 모른다. 이를 방지하기 위해선 우리가 중앙경찰학교를 가는 이유를 생각해봐야 한다.

화장실 청소 또 걸렸네, 바꿔주세요
#하고싶은것만하며 #살수있을까

중앙경찰학교에서는 21시부터 20분간 청소를 한다. 취침 전 마지막 공식 일정이라고 보면 된다. 생활관 건물 내 모든 곳을 구석구석 청소하는데, 청소 구역은 각 생활실별로 부여받는다. 복도나 계단은 쓸고 닦는 것만 하면 되기 때문에 상대적으로 쉽지만, 화장실 청소와 재활용 분리수거는 굉장히 번거롭다. 특히 분리수거를 맡은 주에는 21시가 굉장히 고된 시간이 된다. 어쩌다 보니 화장실 청소에 매번 걸리는 동기들도 있다. 그러면 대개 청소 구역을 바꿔달라고 항의한다. "저번에도 연속해서 화장실 청소했으니까 바꿔주세요!"

청소 구역 분배는 사람이 하는 것이기 때문에 늘 완벽할 수 없다. 걸렸던 곳이 또 걸릴 수도 있고 누군가는 수월한 구역만 연달아 맡게 될 수도 있다. 우리가 만일 직장 생활을 했다면 상사에게 하고 싶은 일만 하게 해달라고, 이건 너무 불공평한 것 아니냐고 따질 수 있을까? 공무원 생활도 결국 조직 생활이다. 내가 편할 때는 남이 불편할 수도 있고, 내가 불편할 때는 남이 조금 편할 수도 있는 것이다. 나만 불편한 상황이 계속되는 것은 아니다. 어디선가 누군가는 불편을 감수하고 묵묵히 자기 할 일을 하고 있다.

파출소에서는 야간근무가 끝날 무렵, 아침 6시 정도면 청소를 시작한다. 상대적으로 바쁘지 않은 시간이기 때문에 하루를 시작하기 전에 다음 팀이 수월하게 업무를 진행할 수 있도록 청소를 한다. 이때는 단순히 쓸고 닦는 데 그치지 않고 세차, 화장실 청소까지 동시에 이뤄진다. 그런데 대부분의 초보 경찰관은 화장실 청소를 제대로 해본 경험이 없다. 자취 경험이 없는 이상 화장실 청소를 할 일이 거의 없기 때문이다. 그러니 중앙경찰학교에서 화장실 청소를 맡게 되었다면 일을 배운다는 마음으로 겸허히 받아들이자. 화장실 청소를 깨끗이 빠르게 하는 과정을 익혀둔다면 파출소에서도 좀 더 효율적으로 일할 수 있지 않을까? 나 역시도 중앙경찰학교에서 화장실 청소를 처음 해봤다. 부끄럽다면 부끄러운 이야기지만 세면대, 변기, 공용 샤워실 청소 등 모든 것이 처음이었다. 그런데 중앙경찰학교에서의 경험 덕분에 파출소에서 화장실 청소를 할 때는 헤매지 않을 수 있었다.

세탁기는 왜 충분하지 않을까?

#세탁기에도 #암묵적인룰이있다

중앙경찰학교에 입교하면 빨래할 일이 많아진다. 겨울에는 매일매일 갈아입어야 하는 발열내의 때문에, 여름에는 땀에 젖은 근무복 때문에 세탁기를 자주 이용하게 된다. 그런데 세탁기 1대를 4곳의 생활실이 같이 쓰다 보니 이용하기가 녹록치 않다. 16명이 한 세탁기를 사용해야 하니 자기 혼자 세탁을 하기에는 무리가 있어 보통 생활실 동기들과 빨래망에 각자의 세탁물을 넣어 세탁기를 이용한다. 그런데 같은 생활실 동기끼리는 세탁기 이용에 문제가 없더라도 다른 생활실과는 문제가 생길 수도 있다. '무슨 요일, 몇 시에는 우리 생활실이 돌릴게요.'라고 구두 약속을 하는 경우도 있지만, 그런 구두 약속이 없다면 세탁물을 세탁기 위에 올려두는 식으로 암묵적인 룰을 만든다. 예를 들어 세탁기가 돌아가고 있을 때 그 위에 세탁물을 올려 '다음 순서는 저희입니다.' 하고 알리는 식이다.

하지만 이러한 규칙을 무시하고 빨래가 다 끝난 줄 알았다며 본인들의 세탁물을 먼저 돌려버리는 경우도 종종 봤다(누가 봐도 세탁기 위에 올려둔 우리 생활실의 세탁물은 세탁을 막 하고 나온 상태가 아니었다). 그렇게 단 2~3분 차이로 새치기를 당한 적이 있다. 사용할 수 있는 기계가 부족하다면 약속을 해서 합의점을 찾든지, 급하다면 먼저 이용하겠다고 양해를 구하든지 방법은 많았을 텐데 참 씁쓸했다. 서로 다른 생활실을 쓴다고 해서 다시는 보지 않을 관계가 아니다. 최소한의 예의는 지켜야 한다. 파출소 근무도 마찬가지다. 근무지는 항상 돌고 돌기 때문에 다시는 보지 않을 사이처럼 예의를 차리지 않으면, 나중에 마주하게 되었을 때 불편한 관계가 될지 모른다. 세탁기 이용과 같은 사소한 부분에서도 앞으로의 근무 태도를 엿볼 수 있다.

중앙경찰학교의 집합 시간, 청소 시간, 팀빌딩 시간, 교수님과의 대화 시간 등이 괜히 있는 것이 아니다. '운전 실력과 체력만 잘 기르고 나오면 되는 거 아니야?'라고 생각할 수도 있지만 시간 약속과 대화방법, 갈등 해결방법 등 사소한 것 하나도 놓치지 말고 꼼꼼히 배워야 한다. 운전 실력과 체력도 물론 중요하지만 실제 현장에서 더 중요한 것은 사람의 됨됨이다. 일이야 나중에 배위도 되지만, '인성'이 좋지 못하면 근무 태도에 대한 소문도 금방 나기 마련이다. 자칫 잘못하면 어디를 가더라도 환영받지 못하는 존재가 되어버린다. 사람들의 머릿속에 각인된 이미지를 다시 바꾸고 만회하려면 그 이상의 노력이 필요하다. 그러니 중앙경찰학교에서 최대한 많을 것을 배우고 나오기 바란다.

교육생의 든든한 멘토,
중앙경찰학교 교수님

묻는 만큼 얻는다
#교육생의특권 #이것저것다묻기

　중앙경찰학교에서 시행되는 평가에서 좋은 점수를 받아야 하는 이유는 이 평가를 바탕으로 첫 근무지를 배정하기 때문이다. 하지만 나는 점수만큼이나 교수님들과 대화하는 시간을 많이 가지는 것도 중요하다고 말하고 싶다. 개인적인 삶에 관한 부분에서부터 경찰 생활 전반에 관한 부분까지 폭넓게 대화할 수 있는 기회이기 때문이다. 대부분의 교수님은 마음의 문을 열고 질문 하나

하나에 성심성의껏 답변해주신다. 이를 누릴 수 있는 것이야말로 교육생의 가장 큰 특권 중 하나다.

중앙경찰학교 교수님들의 경력은 10년이 채 안 된 교수님부터 30년 가까이 된 교수님까지 다양하다. 교수님마다 근무 기간에 따라 보고 느낀 부분이 다르기에 다양한 조언을 얻을 수 있다. 또한 각자 경험하신 부서가 달라 궁금한 부서에 대해 질문할 수도 있다. 주로 현장에서 근무하셔서 현장감이 탁월하신 교수님부터 분야를 확장하기 위해 대학원에 진학하신 교수님, 수사 부서에 오랫동안 몸담은 교수님, 글로써 하고 싶은 이야기를 풀어내는 교수님, 경찰청에 빨리 들어가신 교수님, 승진을 빨리 하신 교수님 등 장점도 특성도 다양하다.

중앙경찰학교에서는 교수님이라는 호칭으로 통하지만 일선에서 뵙게 되면 그때부터는 선배님이 된다. 어쩌면 같이 일하는 동료가 될 수도 있다. 그러니 교수님이라는 호칭에 얽매여 너무 어려워하지 말고 먼저 다가가보자. 경험에서 얻은 지혜를 대화를 통해 배울 수 있는 것은 커다란 행운이다. 설사 내가 궁금한 질문만 가지고 가더라도 그 질문과 답변을 유추하는 과정을 통해 그 이상의 것을 얻을 수 있다. 예를 들어 '짜장면 vs. 짬뽕'에 대해 고민하다가 찾아갔는데 생각지도 못하게 탕수육을 먹을 수도 있다. 덤으로 옆집 파스타 가게에 대한 정보까지 들을지도 모른다. 즉 묻는 만큼, 아니 그 이상으로 더 많이 얻을 수 있다. 그러니 조금 어색하더라도 마음의 문을 열고 먼저 다가가보자.

자유와 국민, 너는 어떻게 생각하니?
#아직답할수없다 #평생의질문

한 교수님은 나에게 '자유' '국민'이라는 단어를 놓고 고민해본 다음 어떤 경찰이 되고 싶은지 생각해보라고 하셨다. 지금 당장 내가 무엇을 잘하고, 좋아하고, 어떤 직무가 맞을지 찾는 것도 중요하지만 이 본질적인 문제를 해결하지 못하면 안 된다고 조언해주셨다. '내가 왜 경찰을 하고 있지?' 이 의문은 회피한다고 해서 끝나지 않으며 10~20년이 지나서도, 심지어 퇴직 직전까지도 해답을 찾지 못하는 경우가 꽤 많다고 한다. 무엇보다 교육생들 중 제대로 된 답변을 가지고 오는 경우는 10%도 채 되지 않는다고 한다. 나는 그 10% 밖의 사람이 되고 싶지 않은 마음에 답을 찾기 위해 부단히 애썼다. 하지만 아직도 답을 내리지는 못했다. 언젠가는 이러한 고민을 다시 진지하게 할 시기가 또 찾아올 것이다. 어쩌면 그러한 고민에 대한 답을 좀 더 일찍 찾아낼 수 있도록 교수님께서 도와주신 게 아닐까?

무조건 시도하라, 그리고 경험하라

#난안될거야 #난여기랑안맞아 #그걸어떻게알아

교수님들께서 입을 모아 강조했던 부분은 다음과 같다.

첫 번째는 무조건 '하라'는 것이다. 우리는 보통 어떠한 도전을 하기 전에 각종 이유를 붙이며 주저하곤 한다. 하지 못하는 이유를 찾는데, 즉 핑계를 대기에 급급하다. 할 수 있는 방법을 찾지 않고 못하는 이유부터 찾아서는 안 된다. 만약 경찰 내부망에 '해외에서 교육받을 수 있는 ○○ 모집'이라는 공고가 올라왔다고 가정해보자. 경사 이상만 지원할 수 있다는 제한 조건이 있을 수 있다. 여기서 내 계급이 순경이라면 아마도 대부분은 지원을 포기할 것이다. 하지만 교수님들은 본인이 의지가 있다면 무조건 지원부터 하라고 하셨다. 실제로 비슷한 모집 공고에 별 기대를 하지 않고 지원했다가 지원자 미달로 운 좋게 기회를 부여받은 사례도 있다고 한다. 그러니 하고 싶은 일이 있다면 제한 조건은 무시하고 무조건 시도해보는 적극성이 필요하다.

두 번째는 '경험'이다. 내가 생각하는 지금의 나, 그리고 내가 보는 경찰 조직에 관한 것이 모두 오판일 수 있다. 우리는 '~하더라'라는 말을 많이 듣지만, 그 프레임에 갇혀 경험하기도 전에 무언가를 판단해서는 안 된다. 직접 경험하지 않는다면 그것은 남의 의견일 뿐이지 스스로 경험하고 생각해서 내린 결론이 아니다. 그러므로 '프레임'에 휘둘리지 말고 본인의 시선에서 경험한 것을 토대로 결론을 내려야 한다.

결국에는 실행력이 중요하다
#머리로만 #깨닫지말고 #행동하라

나는 궁금한 점이 생길 때마다 교수님들과 상담했다. 이 소중한 시간을 통해 실제로 생각이 바뀐 부분도 있고, 실행력을 발휘해 부족한 점을 보완한 경우도 꽤 많았다. 결과적으로 내가 얻은 '꿀팁'은 넘쳐난다. 하지만 꿀팁은 그냥 듣기만 해서는 안 된다. 직접 실행해야 한다. 밥 한술 뜨고 굴비 한 번 보고 끝날 것이 아니라 어떻게 입맛에 맞게 요리할 것인지 고민해보고 적용해야 한다. 책을 아무리 많이 읽어도 책에서 배운 내용을 '행동'으로 옮기지 않으면 아무 소용이 없듯이, 누군가와의 대화에서 얻은 지혜와 지식도 실행하지 않으면 무용지물이 된다.

중앙경찰학교에서 내가 시간 활용을 가장 잘했던 부분을 꼽으라면 '교수님들과의 대화 시간'이라고 말할 수 있을 정도로 나에게는 뜻 깊은 시간이었다. 한 가지 아쉬운 점이 있다면 좀 더 일찍 마음의 문을 열어 더 다양한 교수님들과 대화를 나누지 못했던 것이다. 꼭 대단한 질문거리를 가지고 가지 않아도 된다. 교수님께서 그간 경찰 생활을 어떻게 해오셨는지만 들어도 그 속에서 배울 수 있는 부분이 많다. 그러니 자유 시간에 특별히 할 일이 없다면 생활실 밖으로 나와 교수님들이 계신 곳의 문을 두드려보자. 그리고 얻은 지식과 지혜를 꼭 행동으로 옮기기 바란다.

중앙경찰학교에서의
즐거운 추억

　중앙경찰학교에 입교하면 이제 누군가 "하는 일이 뭐예요?"라고 질문할 때 당당하게 "경찰입니다!"라고 말할 수 있다. 더불어 아직 경찰의 무거운 책임감을 느끼지 못하는 자유로운 시기다. 그동안 SNS로 중앙경찰학교 교정 등 선배들이 올린 사진을 보면서 마음을 다잡고 공부했는데, 이제 내가 직접 중앙경찰학교에 들어가서 추억을 만들 차례가 왔다. 4개월간의 중앙경찰학교 생활을 하면서 우리는 어떤 추억을 쌓을 수 있을까? 또래 동기들과 부담 없이 즐길 수 있는 이 시간을 후회 없이 보내려면 무엇이 필요할까?

중경에서 연애할 수 있나요?
#대학교가면 #바로 #연애할줄알았지

2030세대의 가장 큰 관심사는 아마도 '연애'일 것이다. 필기시험이 끝난 후에 체력학원과 면접학원에서 경찰커플이 많이 탄생한다. 실제로 체력학원에서 만났던 한 동기는 올해 또래 경찰관과 결혼한다는 소식을 들려주었다. 중앙경찰학교에 들어와서도 이러한 연애에 대한 관심은 끊이지 않는다. 면접학원에 다녔던 인맥을 활용해 방팅과 미팅을 서로에게 주선해준다. 아마 솔로인 수험생은 이런 방팅, 미팅에 대한 환상을 갖고 '올해에는 꼭 연애를 하겠어!' 하는 마음가짐으로 중앙경찰학교에 입교할지도 모른다. 실제로 입교해보니 소개를 받아 남녀 간의 만남이 이뤄지는 경우가 꽤 있었다.

그런데 대학교 신입생 시절을 떠올려보자. 대학교만 들어가면 너도나도 연애를 할 줄 알았지만 예상과는 다르지 않았던가? 연애를 하더라도 내가 꿈꿔온 연애와는 다르지 않았던가? 연애도 좋지만 중요한 것은 어쨌든 입교한 모두가 동기라는 점이다. 중앙경찰학교에서 누구와 만나든 또 한 명의 소중한 동기를 알게 되었다는 마음가짐으로 만남을 이어가기 바란다.

사소한 것 하나라도 모두 추억

#아이스크림내기 #과제까지도

중앙경찰학교는 하늘이 정말 아름답다. 교내 어디에서든 청명한 하늘이 자랑이다. 중앙경찰학교 교정에 피어 있는 꽃과 함께 중앙광장에서 하늘을 바라보고 있노라면 그 자체만으로도 힐링이 된다. 그러한 교내에서 일어나는 사소한 일 하나하나가 모두 추억으로 남는다. 동기와 매점을 다녀오며 기억도 나지 않는 사소한 농담에 잔뜩 웃었던 기억(너무 웃어서 생활관으로 복귀하는 내내 배가 아파 힘들었다), 중앙경찰학교 중앙광장에서 똑같은 생활복 차림으로 사진을 찍었던 기억, 카카오톡 프로필 사진 한 장 건지자고 서로 수백 장씩 찍어주던 기억 등 다양한 추억이 떠오른다.

중앙경찰학교에서 삼시세끼를 제외하고 간식을 사 먹을 수 있는 공간은 매점이 유일하다. 각종 과자, 음료수, 생활용품 등이 구비되어 있는데, 매점과 가까이 위치한 식당에서 식사하고 나면 동기들과 아이스크림 내기를 벌이기도 한다. 1명 혹은 2명이 10명에 가까운 동기들의 아이스크림을 책임져야 하기 때문에 긴장감이 도는데, 그렇게 먹은 아이스크림의 맛이 아직도 생생하다. 조별과제 또한 빼놓을 수 없다. 대학교 때 했던 것처럼 삼삼오오 모여 노트북과 A4 용지만 바라보고 있는 그런 조별과제가 아니다.

실제 상황 시나리오를 짠 후 각자 맡은 배역에 따라 연기하고, 영상을 만드는 과제도 있다. 도중에 NG가 나도 재미있고, 편집한 영상을 보는 재미도 쏠쏠하다.

모든 추억은 사진과 영상으로 남겨야 한다. 지금 내 기억에 남아 있는 추억들도 모두 사진 속에서 나온 것이다. 중앙경찰학교의 하늘, 10개에 가까운 아이스크림 사진, 조별과제를 했던 사진, 포토존에서 찍었던 사진, 과제로 만든 영상까지. 요즘은 너도나도 SNS를 하기에 사진, 영상을 많이 찍긴 하겠지만 될수록 많이 남기기 바란다. 스마트폰의 저장공간을 충분히 확보하고 추억을 꾹꾹 눌러 담자.

어느 순간 마지막 밤은 다가온다
#헤어지기싫어요 #중경의밤

끝나지 않을 것만 같았던 중앙경찰학교 생활의 마지막 날이 다가왔다. 가끔은 규제가 너무 힘들어 빨리 나가고 싶은 마음도 있었지만 무엇이든 마지막은 아쉽다. 그 마지막을 알리는 행사는 '중경의 밤'이다. 각자 가지고 있는 끼를 뽐내는 행사다. 혼자 나와도 되고, 학급 동기들과 같이 나와도 된다. 서로의 재능을 뽐내고 환호하며 마지막 날의 아쉬움을 달랜다.

우리 학급 동기들도 중경의 밤 행사를 준비했다. 당시 나는 브런치에 올릴 글을 쓰느라 참여하지 못해 아쉬울 뿐이다. 돌이켜보면 글은 나중에도 쓸 수 있는데, 당시에는 동기들과의 추억을 소중하게 생각하지 못했던 것 같다. 추억을 쌓을 수 있는 기회가 생기면 가급적 꼭 참여하기 바란다.

중앙경찰학교의 같은 학급, 같은 생활실 동기들은 전국 각지에서 모였기 때문에 이후에는 사실 자주 만나기가 힘들다. 가끔 안부를 주고받을 뿐이지 모든 인원이 동시에 모이기는 어렵다. 교대 근무를 하는 직업적인 특성도 있고, 각자 스케줄을 맞추기도 어렵기 때문이다. 어쩌면 모두 마주할 수 있는 처음이자 마지막 시간이다. 누군가는 헤어짐이 아쉬워 눈물을 보이기도 한다.

무엇이든 시작이 있으면 끝이 있다지만 누군가와 헤어지는 건 참 아쉬운 일이다. 나중에 후회가 남지 않도록 정말 알찬 4개월을 보냈다고 자부할 만큼 많은 추억을 쌓고 나오길 바란다. 경찰이라는 직업을 가지고 처음 마주한 동기들이니까 말이다.

새벽 3시,
'경찰'에 대한 고민

나는 왜 새벽에 화장실을 찾았을까

#혼자있을곳이 #필요했다

그렇게 바라던 중앙경찰학교에 입교했다. 행복했다. 3년이라는 긴 수험 생활을 끝내고 또래가 모인 곳에서 좋은 기운을 받으며 24시간을 보낼 수 있었다. 하지만 마음속에는 공허함이 존재했다. 정말 합격했으니 끝인 걸까? 이제 마음 편히 안주하고 즐기면 되는 걸까? 평생 직업으로 삼아야 할 '경찰'은 나에게 어떤 의미일까? 앞으로 어떤 방향으로 살아가면 되는 걸까? 머릿속에 수많은 물음표가 떠올랐다.

이 답답함을 해결할 시간이 필요했다. 중앙경찰학교에서는 하루 종일 단체 생활을 해야 하기 때문에 혼자 있을 시간이 부족했다. 나는 성향상 '나만의 시간'이 절실히 필요했다. 18시 이후 모든 일과가 끝나면 개인정비 시간이 주어진다. 하지만 고요하지는 않다. 생활실에서 수시로 동기들이 드나들기 때문이다. 그래서 나는 새벽 시간을 택했다. 입교 전에도 조용한 새벽 시간에 책 읽는 것을 좋아했다. 하지만 입교 후에는 새벽에 개인 활동을 하기 어려웠다. 동기들이 곤히 자고 있는데 책상 스탠드를 켤 수는 없는 노릇이었다. 고민 끝에 찾아낸 장소는 바로 화장실이었다. 화장실이라면 누구에게도 방해받지 않을뿐더러 동기들에게도 피해를 주지 않는다. 나는 새벽 3시에 일어나 몇 가지 짐을 챙겨 화장실로 향했다.

4개월간 화장실에서 얻은 것은

#뭐부터해야하지 #내가할수있는것은

내가 챙긴 짐은 머릿속 물음표를 해결해줄 책과 생각을 정리할 블루투스 키보드였다. 새벽 3시, 화장실에서 나는 딱 한 가지에만 몰두했다. 바로 독서였다. 대부분의 시간 동안 책을 읽었고, 그 후에는 책 속 문장에 대한 나의 생각을 정리했다. 눈에 보이는 성과는 없었다. 책을 읽는다고 해서 보상이 주어지는 것도 아니었다. 하지만 하루하루 소중한 시간이 쌓이면서 나를 알아가고, 내 마음을 들여다볼 수 있었다. 다음은 내가 새벽 3시에 화장실에서 쓴 글 중 일부다.

경찰 합격 후, 중앙경찰학교에 들어와서 나는 이 조직에서 빨리 나에게 맞는 분야를 찾아 그 분야에 나를 맞추려고 했다. 성급하기만 했다. 하지만 무엇이든 해보기 전까지는 내가 잘하는지, 못하는지, 즐거워하는지 모를 일이다. 해당 부서에 나를 맞출 것이 아니라 우선 나를 성장시켜야 한다. 일단 읽고, 쓰자.

우리는 그동안 대학교 입학 성적에 맞추기 위해, 기업의 입맛에 맞추기 위해 공부를 하고 자기계발을 했다. 취업을 위해 토익을 공부하고 자격증을 따는 등 스펙을 쌓았다. '나'라는 사람을 드러내는 스펙을 쌓기보다는 상대방이 원하는 기준에 맞춰 살아왔다. 내가 남들보다 잘하는 것이 무엇인지, 진심으로 좋아하는 것이 무엇인지도 모른 채로.

우리는 항상 바쁘다

#하루의절반을 #직장에서

우리나라의 모든 직장인은 일하느라 하루의 절반 이상을 회사에서 보낸다. 출근하고 나서부터 퇴근할 때까지 직장인으로서 생활하고, 야근을 하거나 약속이 있는 날은 퇴근 후에도 자신을 돌아볼 시간이 거의 없다. 물론 퇴근 후에 각자 취미 생활을 할 수도 있고, 자기계발을 위해 학원에 다닐 수도 있다. 이런 부분이 단기적인 즐거움을 줄 수도 있고, 장기적으로 어떤 목표를 향해 달려가는 과정이 될 수도 있다.

하지만 여러모로 바쁘다 보니 자신을 가만히 돌아볼 시간은 턱없이 부족하다. 오로지 '나'로서 생각할 시간조차 없는 것이다. 가끔은 시간을 내어 내가 지금 이 일을 왜 하고 있는지, 어느 방향으로 살아가고 있는지 되묻고, 내가 원하는 삶을 살고 있는지 점검해볼 필요가 있다. 이런 질문은 빠르면 빠를수록 좋다. 우리는 어렸을 때부터 초·중·고등학교를 거치며 주입식 교육에 물들어 자신에 대해 진지하게 고민하지 못했다. 책을 읽고 생각을 표현하고 기록하는 등 내가 정말 누구인지 알아가는 과정이 부족했다. 그저 순서대로 나열된 등급 안에 들어가기 위해, 답을 잘 고르기 위해 공부를 해왔다. 이렇게 공부하고 경쟁하는 것을 당연하게 여졌다.

대학교에 입학하고 취업만 하면 모든 과제가 끝나고 행복할 것 같았다. 하지만 그 이후에도 결혼 문제, 경제적 문제 등 풀어야 할 과제는 산적해 있다. 눈앞에 놓인 과업을 해결하기 위해 정신 없이 살다 보면 어느 순간 '내가 왜 이렇게 살고 있지?'라는 중대 한 질문과 직면하게 된다. 하지만 우리는 쉽게 그 질문에 답할 수 가 없다. 자신에 대해 아는 것이 별로 없기 때문이다. 아무리 머리 를 싸매고 고민해봐도 답은 나오지 않는다. 그렇게 다시 일상이 반복되다 보면 질문은 어디론가 흘러가 잊히지만, 잠시 잊는다고 해서 그 질문이 끝나는 걸까? 아니다. 질문은 주기적으로 다시 우 리를 찾아온다.

그래서 답을 찾았나
#정답은없다 #시간이필요할뿐

그래서 나는 질문에 대한 답을 찾았을까? 찾은 것도 있고 찾지 못한 것도 있다. 어쩌면 벌써부터 '경찰'에 대해 고민한다는 게 거 만한 태도일지도 모른다. 경험해보지도 않고 섣부르게 판단을 내 릴 수도 있기 때문이다. 아직 실습도 시작하지 않은 교육생이었을 뿐이니까. 그런데 무엇이든 정답은 없다. 아니, 앉아서 고민한다고 해결되는 것은 아무것도 없다. 아무리 앉아서 고민해봐야 결국에는 직접 부딪치며 실행하고 깨닫는 과정이 필요하다. 내가 어느 부서에 있든, 어느 팀에 있든 할 수 있는 한 최선을 다해봐야 알게 된다. 그렇다고 맹목적으로 열심히'만' 하는 것이 아니라 가끔은 나에게 되물어야 한다. 이 부서에서, 이 팀에서 무엇을 배웠고 앞으로 어떻게 성장할 것인지. 그리고 도저히 못 하겠다면 다른 방법을 어떻게 찾아야 할지 고민해봐야 한다. 답을 못 찾겠다고 징징거리지 말고 자신만의 해설서를 만들 수 있는 하루하루를 보내기 바란다.

공무원 시험만 합격하면 행복할 줄 알았다. 사실은 그렇지 않았다. 나는 속았고, 내가 나를 속였다. 내가 선택한 길에 속았다고 표현하니 남 탓을 하는 것처럼 들릴 수 있다. 하지만 우리는 불편한 진실과 마주해야 한다. 공무원이 되어 만족스럽긴 하지만 삶에 큰 변화는 없음을. '나'는 그냥 '나'였음을.

경찰공무원이 되면
과연 행복할까?

공무원 합격은
행복의 종착지가 아니다

우리는 속았다, 나 자신에게

#대학만합격하면 #공무원만합격하면

공무원 시험만 합격하면 행복할 줄 알았다. 사실은 그렇지 않았다. 나는 속았고, 내가 나를 속였다. "좋은 대학에만 가면 너 하고 싶은 일 다 하고 살아." 우리는 이 말을 믿고 고등학교 때까지 열심히 공부했다. 하지만 대학에 가도 상황은 달라지지 않았다. 물론 10대 때보다는 할 수 있는 일의 범위가 넓어졌지만, 내가 생각했던 '하고 싶은 대로'와는 의미가 달랐다.

"좋은 회사에 취직하면 대우가 달라진다." "공무원 시험에 붙으면 삶이 바뀐다." 주변에선 이렇게 이야기하지만, 좋은 기업에 취직해도 공무원 시험에 붙어도 역시나 큰 변화는 없었다. 단지 아르바이트를 하던 대학생에서 월급을 받는 직장인이 되었을 뿐이다. 그 누구도, 어느 누구도 대우를 해주진 않는다. 내가 선택한 길에 속았다고 표현하니 남 탓을 하는 것처럼 들릴 수 있다. 하지만 우리는 불편한 진실과 마주해야 한다. 공무원이 되어 만족스럽긴 하지만 삶에 큰 변화는 없음을. '나'는 그냥 '나'였음을.

나는 왜 속아 넘어갔을까? 과거에 생각했던 핑크빛 미래를 떠올려보자. 그 핑크빛 미래가 알고 보니 '무채색 현재'였다는 사실이 마음을 옥조인다. 핑크빛 미래를 기대한다는 것은 결국 우리 삶의 가치를 현재에 놓지 않고 미래에 놓는다는 뜻이다. 좋은 대학, 좋은 회사, 공무원 시험이 아니더라도 '~만 하면'이라는 말을 심심치 않게 들을 수 있다. '우리 딸이 공무원 시험만 합격하면 더 할 나위 없이 행복할 텐데.'라며 당신의 행복이 딸의 미래에 달려 있다고 생각하는 부모님, '취업만 하면 내가 하고 싶은 취미를 마음껏 즐기면서 살겠어!'라며 자신의 행복을 취업 후로 미루는 청년의 모습을 주변에서 쉽게 볼 수 있다.

현재를 부정하고 미래를 긍정하는 말, 내가 원하는 바를 이룬다면 미래에는 더 나은 삶을 살 수 있다는 이 말을 조금 바꿔서 생각해보자. 왜 현재는 보잘것없고, 현재의 행복은 유보해야 하는 걸까? 중학생 때는 초등학생 때가 좋았고, 고등학생 때는 중학생 때가 좋았고, 대학생이 되어보니 10대 때가 좋았고, 취업을 하니 대학생 시절이 그리운 지금. 우리는 '현재'가 가장 좋은 시기라는 것을 모르고 행복이 미래 어딘가 저 멀리 있다고 생각하고 있다.

나 역시 그렇게 생각했다. 수년의 수험 생활을 거치면서 공무원 시험에만 합격하면 걱정 없이 자유롭게 살 수 있을 것 같았고, 공부만 해야 하는 '현재'는 그야말로 별것 아닌 삶으로 치부했다. 지금 이 순간 공부를 해야 하는 현재가 내 진짜 삶이 아니라며 부정했었다. 그 당시 나는 스스로를 돌볼 줄 몰랐던 것이다.

'~만 하면'은 먼 미래의 이야기다. 과거의 나와 마주할 수 있다면 '~만 하면'보다는 오늘 주어진 하루에서 찾을 수 있는 행복을 찾아 행복하게 살라고 이야기해주고 싶다. 항상 미래만을 생각하다 보니 행복과 마음이 저 멀리 가 있었다. 물론 합격 후에 무엇을 하겠다는 생각은 동기 부여에 참 좋다. 합격해서 하고 싶은 일을 정리하면 좀 더 공부에 에너지를 보탤 수 있다. 나 역시 '합격만 하면 ○○해야지!' 하는 리스트를 수없이 만들었다.

공무원 시험은 결과로 승부가 나는 시험이 맞다. 하지만 수험 기간 동안에는 과정에 충실해야 한다. 하루의 목표를 달성하는 데 의미를 부여해야 한다. 합격은 몇 개월 혹은 1~2년 뒤의 이야기일 수 있다. 미래만 보고 달려가면 쉽게 지칠 것이다. 오늘 하루 계획을 세우고, 다 해내면 스스로에게 보상을 주거나 휴식을 취하는 방법으로 현재를 '잘' 사는 데 중점을 두기 바란다. 그래야 결과를 향한 과정도 빛나지 않을까.

오늘 하루를 잘 살아낸 나를 대우해주세요

#명문대생 #공무원이면 #대우가달라진다고요?

공무원 합격 후 나는 대체 어떤 대우를 바란 것일까? 경제적인 능력이 생기고, 다시 이직을 고민하지 않아도 된다는 것 외에 특별한 대우는 없었다. 우리는 공무원 합격에 대한 환상을 너무 크게 가지고 있다. 물론 장점도 많은 직업이긴 하지만 환상이 과하면 합격 후 본인이 힘들 수 있다. 분명 좋은 것은 맞지만 드라마틱한 변화는 없다.

수험생의 대화 상대는 대개 학원 강사, 부모님, 친구가 전부다. 다른 분야에서 일하는 다양한 사람들과 만나지 못한다. 학원 강사는 당연히 제자인 우리를 응원할 것이고, 부모님과 친구도 마찬가지다. 그저 위로해주고, 좋은 말을 해주며 우리의 이야기를 들어주기만 할 것이다. 그런데 그러한 위로와 좋은 말을 타인에게 기대하지 말고 '나' 자신에게 해주면 어떨까? 스스로를 좀 더 대우해주면 어떨까? 공무원이 되어 누군가 대우해주기를 바라지 말고, 공무원 시험을 준비하든 포기하고 다른 길을 가든 오늘 하루를 무사히 보낸 자신을 다독이는 것이다. 오늘 하루 공부하기 위해 일찍 일어난 자신을, 팔굽혀펴기를 더 많이 하게 된 자신을, 경찰학개론에서 잘 안 외워지던 부분을 암기한 자신을 잘 다독여주는 하루를 보내기 바란다.

결국 행복의 기준은 내가 정한다
#행복은멀리있지않다는 #진부한말이 #진짜였다

이제 공무원 합격이 행복의 종착지가 아님을 알았으니, 자신의 행복의 기준을 다시 정해야 한다. 내가 어떨 때 행복한지 알아야 내 신분이 어떻든 행복한 마음으로 무엇이든 해낼 수 있다. 혼자 있을 때 행복한 사람이 있고, 누군가와 함께 있을 때 행복한 사람이 있다. 여행을 갈 때, 책을 읽을 때, 영화를 볼 때 등 행복의 기준은 제각기 다르다. 각자의 취향에 따라, 성향에 따라 다를 수밖에 없다. 꼭 거창한 무언가를 하지 않아도 일상에서 소소한 행복을 찾을 수 있다. 나는 가을바람을 맞으며 산책할 때, 무더운 여름에 아이스 아메리카노를 마실 때, 내가 좋아하는 야경을 감상할 때, 오늘도 아픈 곳 없이 해야 할 일을 모두 끝마쳤을 때 행복하다.

수험생이라는 이유로 행복을 뒤로 미루지 말고, 승진을 해야 한다는 이유로 일상의 행복을 놓치지 말고, 지금 바쁘다는 이유로 소중한 사람과 보내는 시간을 포기하지 말자. 미래의 무언가를 위해 현재의 행복을 놓치면 흘러가는 시간이 너무 아깝지 않은가? 그렇게 해서 미래에 무언가를 이룬다면 과연 충분히 만족스러울까? 목표를 달성했다는 기쁨은 있겠지만 온전히 내가 채워진다는 행복감은 느끼지 못한다. 내가 그토록 바랐던 공무원 합격은 행복의 종착지가 아니었다.

신임 경찰,
주취자와의 사투

주취자도 레벨이 있다
#레벨1부터 #레벨10까지

지구대, 파출소에서 일하다 보면 가장 자주 접하게 되는 것이 주취자 신고다. 특히 야간에는 다양한 주취자를 만나볼 수 있다. 택시 요금을 지불하지 않아 파출소까지 끌려온 주취자, 계속 같은 말만 반복하는 주취자, 술 마시고 옆 사람에게 시비를 걸다 신고 당한 주취자, 술 먹고 운전대를 잡았다가 끌려온 주취자 등 사연도 가지각색이다. 홍대나 이태원처럼 유흥시설이 즐비한 지역도 아니고 불타는 금요일도 아닌데, 야간근무 때 안 보이면 섭섭할 만큼 주취자를 흔히 보게 된다.

주취자의 레벨은 1부터 10까지 있다. 술과 함께 잠에 만취해 아무리 흔들어 깨워도 일어날 생각을 하지 않는 주취자는 레벨 1이다. 처음에 이런 주취자를 마주했을 때는 정말 기절한 건 아닌지 걱정스러울 정도로 잠에 취해 있었다. 깨워도 깨워도 자꾸만 옆으로, 앞으로 쓰러지려고 했다. 아침에 계속 알람을 끄다가 열 번째 알람에 겨우겨우 일어나는 것처럼, 포기하지 않고 재차 깨우자 주취자가 일어났다. 다행히도 기절한 것은 아니었다. 잠에 깨어 갑자기 배시시 웃는다. 나를 경찰이 아닌 다른 사람으로 착각한 것일까? 상황이 길어지겠구나 싶어 걱정이 앞섰다. 하지만 알고 보니 레벨 1의 주취자는 이 상황이 부끄러워 웃었던 것이었다. 그는 연신 죄송하단 말을 반복한다. 무사히 잠에서 깨서 오히려 내가 더 감사했다. 아무리 술이 깼다고 해도 집에 들어가는 것은 봐야 하니 근처까지 데려다 드린다. 서로 연신 죄송하다, 괜찮다를 외친다. 그렇게 레벨 1의 주취자는 안전하게 귀가했다. 레벨 1의 상황이라면 참 다행이다. 하지만 아무리 술에 취해도 길에서 잠들지 않도록 정말 조심해야 한다. 성별과 연령을 불문하고 범죄의 대상이 될 수도, 예기치 못한 사고가 일어날 수도 있다.

이번엔 인사불성의 주취자가 있다. 바로 레벨 2의 주취자다.

본인 몸 하나 제대로 가누지 못한다. 그렇다고 잠에 든 것도 아니라 더 난감하다. 특별히 사건사고를 일으킨 게 아니라면 주취자의 안전을 위해 집까지 데려다줘야 하는데 말을 알아듣지 못하니 그것마저 쉽지 않다. 여러 가지 방법을 취해 주취자의 주거지를 알아낸 다음 순찰차로 이동한다. 그런데 도중에 일이 터진다. 주취자가 구토를 하는 것이다. 순경이라면 한 번쯤 주취자의 잔해물이 순찰차에 도배되는 순간을 경험한다. 보통 팀의 막내 순경이 잔해물을 치운다. 경찰을 꿈꾸는 수험생이라면 드라마 〈라이브〉에서 비슷한 장면을 보았을 것이다. 극중 경찰이었던 정유미, 이광수가 순찰차 내의 잔해물을 치우던 장면을 기억하는가? 현장에 있는 우리는 언제나 한정오, 염상수가 될 수 있다.

청소년 주취자도 흔히 볼 수 있다. 술을 마신 미성년자이면서 너무나 당당하다. 나는 그렇다 치자. 함께 근무 중인 주임님께 욕설 아닌 욕설이 날아온다. 딱 봐도 주임님의 아들뻘로 보이는데 듣는 내가 다 불편하다. 욕설은 물론이거니와 내가 내 돈 내고 마셨는데 경찰관이 무슨 상관이냐는 식의 뻔뻔한 태도를 보인다. 레벨 3의 주취자다. '내돈내산'은 신경 쓸 바가 아니지만 청소년이 술을 마시고 있으니 주민의 신고가 들어오는 게 당연하다(아마 얌전히 마시지 않았으니 신고까지 들어온 게 아닐까). 미성년자는 술집에 출입할 수 없으니 대부분 공원 등 공공장소에서 술을 마신다. 그래도 미성년자는 부모님과 마주하면 정신을 차린다. 레벨 3까지는 큰 힘이 들지 않는 주취자에 속한다.

문제는 레벨 4부터 10까지다. 레벨은 욕설에 따라, 상황의 경중에 따라 나뉜다. 주취자 신고의 경우 술만 마시면 상관이 없지만 심각한 사건으로 번지는 경우가 많아 주의가 필요하다. 이런 경우 주취자 신고가 아닌 폭력, 가정폭력, 시비 등의 이유로 신고가 들어온다. 술만 마시면 폭력적인 성향을 보이는 사람들이 주로 지구대, 파출소까지 오게 되며, 사건을 처리하는 동안에도 그 성향을 계속 보인다. 본인의 혐의가 무엇이고 뭘 그렇게 잘못했냐며 경찰에게 따지고 든다. 알아듣게 설명을 해줘도 소용이 없다. 그 정도 했으면 지칠 만도 한데 힘이 어디서 나오는지 2~3시간가량 지치지도 않는다. 결론 없는 대화가 반복되어 대화의 시도조차 무의미하다. 그냥 이 시간이 빨리 지나갔으면 싶다.

순경이 주취자를 마주할 때
#욕이귀에쏙쏙박혀도 #담아두지마세요

순경으로서 처음 인사불성인 주취자를 마주하면 욱하는 상황이 발생할 수 있다. 여태껏 들어보지도 못한 욕설이 난무하기 때문이다. 나 역시 주취자에게 평생 들을 일 없을 법한 고강도의 욕설은 다 들어본 것 같다. 나는 나쁜 말은 한 귀로 듣고 한 귀로 흘리는 성격이라 마음속에 남지 않았지만, 성격에 따라 싸움이 붙거나 나중에 하나하나 되새김질하며 상처를 받는 경우가 꽤 있다. 주취자를 대할 때는 마음을 어느 정도 내려놓고 대하는 편이 좋다. 본인이 술에 취해 필름이 끊겼던 때를 떠올려보자. 주취자의 언행을 일일이 마음에 담아둘 필요가 있을까? 주취자의 언행은 당신을 향한 것이 아니다.

주취자를 본다면 신고해주세요
#술먹은건기억나는데 #집에온건기억이안나

친구 중 한 명이 술에 취해 경찰의 도움을 받은 적이 있다고 말해주었다. 길거리에 누워 잔 건 기억이 나는데 집에 들어온 것은 기억나지 않는다는 것이다. 나중에 어머니에게 한소리 들으며 경찰의 도움으로 무사히 집까지 귀가했다는 것을 깨닫게 되었다. 그날의 경험 이후 친구는 길거리에서 자고 있는 주취자를 보면 무조건 신고한다고 한다. 그날 누군가의 신고가 없었다면, 경찰의 도움이 없었다면 무슨 일이 생겼을지도 모른다면서.

다시 한번 말하지만 성별을 불문하고 술에 취해 길가에 드러누우면 되면 범죄의 대상이 될 수 있다. 찬바람이 쌩쌩 부는 겨울이나 푹푹 찌는 여름에는 특히 위험하다. 범죄가 일어나지 않더라도 날씨 때문에 건강에 문제가 생길 수 있다. 여러분도 술에 취해 인사불성이 된 주취자를 본다면 꼭 신고해주기 바란다.

평생 안 좋은 것만 보는
극한직업, 경찰

　알고 선택했다. 경찰이 좋은 일보다는 안 좋은 일을 많이 보게
되는 직업임을. 하지만 머리로 아는 것과 직접 몸으로 부딪혀 경
험하는 것은 조금 다르다. 아니, 많이 다르다. 파출소에서 근무하
던 시절, 팀장님이 출근 후에 가장 많이 하셨던 말씀이 있다. 행복
하게 일해야 하고 억지로라도 웃어야 한다고. 팀장님은 정말 사소
한 것 하나부터 팀원들을 웃게 하려고 노력하셨다. 출근하면 간단
히 운동을 하게 해 몸을 풀게 했고, 점심을 먹으면 아이스크림 내
기로 긴장감을 풀어주셨고, 야간근무 후 조금 여유가 있는 청소
시간에는 노래 한 곡 틀어주시며 적막한 분위기를 깨려고 노력하

섰다. "웃을 일이 없어도 웃으면서 일해야 한다." 왜 이 말씀을 자주 하셨을까? 형사 생활을 오래 하신 또 다른 선배님은 부서 특성상 항상 안 좋은 것만 주로 보며 생활하셨다고 한다. 내근직은 처음이었는데, 아침마다 출근해서 직원들끼리 웃을 수 있는 게 정말 큰 행복이라며 좋아하셨다.

물론 어느 회사나 웃으며 일할 수 있다면 좋은 회사일 것이다. 하지만 선배들이 특히 '웃음'을 강조한 이유는, 안 좋은 상황과 자주 부딪히게 되는 경찰이라는 직업의 특성상 억지로라도 많이 웃는 시간이 필요하기 때문이다.

우리의 오감은 무엇으로 물드는가
#시각 #촉각 #미각 #후각 #청각

인생은 짧다. 젊음은 더 짧다. 이 유한한 인생 동안 좋은 것만 보고, 좋은 것만 듣고, 좋은 것으로만 채워도 모자랄 판에 경찰이 되면 늘 나쁜 무언가와 마주하게 된다. 근무를 하면 좋은 것보다는 그렇지 못한 것으로 채우는 시간이 절반 이상에 달한다. 하루 중 절반 이상을, 일주일 중 8할 이상을 불쾌하고 나쁜 사건과 마주한다.

아침에 일어나자마자 알람소리를 듣는다. 우리의 귀는 쉴 새가 없다. 들리지 않아도 듣게 되는 것이 있다. 출근 준비를 하면서 듣는 샤워기 소리, 밥 짓는 소리, 지나가는 사람들의 말소리, 출퇴근 대중교통에서 카드 찍는 소리, 개 짖는 소리 등이 끊임없이 들린다. 우리가 선택적으로 듣는 소리는 출퇴근 시간에 잠깐 듣는 내가 좋아하는 노래 정도다. 파출소에 출근하면 가장 먼저 업무를 인수인계하는 소리를 듣게 되고, 이후 신고를 알리는 소리, 현장에서 듣는 신고자의 이야기, 민원인의 억울함 등을 듣게 된다. 이렇게 지나가면 그나마 아름다운 하루다. 이따금씩 전화로 욕을 한 바가지 퍼붓는 분이 등장한다. 요지는 없다. 신고 내용도 없다. 그저 욕을 할 뿐이다. 수화기를 멀리 떼고 있어도 목청이 얼마나 큰지, 발음은 얼마나 정확한지 귀에 쏙쏙 박힌다. 아직도 그 목소리가 귓가에 맴도는 것만 같다. 정확한 내용은 기억나지 않는다. 하지만 그 톤과 분위기는 기억에 남는다.

귀와 더불어 눈도 쉬지 않고 무언가를 본다. 아침에 일어나 시간을 확인하고, 출퇴근길을 살펴보고, 내가 좋아하는 유튜브 채널을 시청할 수 있게 해주는 눈. 출근해서 가장 먼저 총기와 무전기를 점검하고, 신고 현장을 보고, 사람들의 웃는 얼굴보다는 울상인 얼굴을 훨씬 많이 보게 된다. 무엇 때문에 그렇게 싸웠는지 얼굴에는 긁힌 상처가 가득하고, 머리카락은 한 움큼씩 빠져 있다.

서로를 향해 으르렁대며 무슨 일이라도 저지를 것만 같은 눈빛도 보게 된다.

마찬가지로 우리는 매일 무언가를 만지며 느낀다. 일어나서부터 잘 때까지 손에서 놓치지 않는 스마트폰, 잠을 깨워줄 커피 등 쉴 새 없이 무언가를 만지고 내려놓는다. 만지고 싶은 촉감이 있고, 아닌 촉감이 있다. 주취자의 토사물과 분비물, 신고 현장에서 잘못 맞아 부러진 선배님의 안경 등 촉각도 쉴 틈이 없다. 후각 또한 마찬가지다. 신고 현장에 가보면 눈에 보일 정도로 담배 연기가 자욱해 머리가 아프고, 술 냄새는 코를 찌른다.

이렇게 오감으로 경찰의 하루를 되짚으니 불평불만만 하는 것 같다. 경찰이라는 직업이 이런 일을 하는지 모르고 들어왔냐고 반문할 수도 있다. 누군가의 칭찬보다 꾸지람이 훨씬 오래 기억에 남듯이, 좋은 순간보다는 부정적인 순간이 오래도록 기억에 남을 수밖에 없다. 하물며 경찰은 하루 중 절반 이상의 시간이 그렇게 부정적인 일을 겪으며 흘러간다. 경찰이라는 직업은 '잠깐'의 보람으로 버티고 인고하는 일이라는데, 발령 초기에는 과연 내가 그 잠깐의 보람으로 만족을 얻을 수 있을지 걱정스러웠다.

선배님들이 자주 하시는 말씀이 있다. 어찌되었든 '행복'이 가장 중요하다고. 누가 아무리 이 분야가 좋고 저 분야가 좋다고 해도 결국 자신이 행복해야 한다고. 하루 온종일 안 좋은 것만 봐도 가끔씩 찾아오는 보람에서 행복을 찾는 경찰관이 있을 수 있고, 일은 일이고 내 생활은 내 생활이니 일은 일대로 생각하고 내 생활은 내 생활대로 즐기는 경찰관이 있을 수 있다. 어찌되었든 각자의 방식대로 좀 더 좋은 것을 보고, 듣고, 느껴야만 한다. 누군가에게는 일상이 늘 행복할 수 있지만, 경찰이 직업인 우리는 일부러라도 시간을 내서 좋은 것을 찾아야 한다. 우리의 오감을 다시 행복으로 물들이기 위해서.

그럼에도 불구하고 행복은 멀리 있지 않다
#등교하는아이들 #고맙습니다 #감사합니다

파출소의 주간근무 아침, 학교 안전활동을 위해 초등학교로 출발한다. 본인의 몸집보다 큰 가방을 매고 늦지 않으려고 뛰는 아이, 친구와 같이 들어가기 위해 정문 앞에서 기다리는 아이, 부모님과 함께 차로 등교하는 아이 등 수많은 아이들이 안전하게 등교할 수 있도록 돕는 것도 경찰관의 업무다. 아이들에게 인사를 건네면 수줍어서 못 본 채 지나가는 아이가 있는가 하면, 반갑게 인사를 받아주며 자신의 이야기를 미주알고주알 하는 아이도 있다.

여느 때와 같이 학교 안전활동을 하는 날이었다. 날씨는 쾌청

했으나 일교차가 큰 초가을이어서 감기 걸리기 쉬운 날이었다. 한 아이가 오랫동안 서 있는 것을 보고 걱정스러워 말을 걸어보았다. 사실 아이와 대화가 하고 싶었다.

"친구는 왜 학교 안 가? 누구 기다려?" "친구 기다려요! 가장 친한 친구요!" 이후 아이는 말을 멈추지 않았다. 왜 친한 친구를 기다리는지부터 시작해 이마에 모기가 물린 이야기까지 세세하게 들려주었다. 매일 아침 언니가 늦게 일어나서 엄마에게 혼난다는 이야기부터 본인은 새벽 4시에 일어나 등교 준비를 한다는 자랑까지 했다.

우리도 이 아이처럼 소중한 일상을 되새김질하면서 행복해질 수 있지 않을까. 아이의 순수함 덕분에 나는 다시 한번 일상의 행복을 돌아보게 되었다. 부정적인 것을 많이 접하게 되는 경찰은 이렇게 의도적으로라도 좋은 것을 찾아 오감을 행복으로 물들여야 하지 않을까.

너무나도 힘든
야간근무

경찰이라면 피해갈 수 없는 야간근무. "야간근무? 나 원래 밤 잘 새워!" "오히려 올빼미형 인간이라 좋은데?" 하며 자신감을 보이는 예비 경찰관도 흔히 볼 수 있다. 친구들과 놀 때, 영화를 볼 때, 혼자만의 휴식을 취할 때의 밤샘은 당연히 그리 어렵지 않다. 뭘 해도 시간이 금방 가고, 누구의 방해도 받지 않는 시간이기 때문이다. 그래서 평소 밤샘을 즐기는 유형의 사람도 많고, 주로 밤에 공부하는 친구도 더러 있었다. 실제로 어떤 프리랜서 친구는 아침 6시에 자고 점심에 일어나는 생활을 반복해도 생체리듬에 전혀 문제가 없다고 한다. 하지만 경찰의 야간근무는 교대근무 형태다. 4교대, 3교대로 근무하는 시간이 계속 바뀌기 때문에 몸이 적응하기 힘들다. 아무리 올빼미형 인간이라고 할지라도 바이오리듬이 깨지는 순간은 반드시 온다.

내 몸이 내 몸이 아니야
#오늘은무슨요일 #2급발암물질

세계보건기구 산하 국제암연구소(IARC)는 2007년 '교대근무'를 2급 발암물질로 규정했다. 전문가들은 낮과 밤이 수시로 바뀌면 식사와 수면 등 생활 패턴이 깨져 몸의 생체리듬 적응이 어려워지고, 정신적 스트레스로 면역력이 떨어져 주간근무자보다 암 발병 빈도가 매우 높다고 분석했다. 심각한 뇌 손상과 심장질환 발병률도 높아진다고 한다.

이를 증명하듯 경찰의 평균수명은 다른 직업에 비해 낮은 수준이다. 교대근무가 쌓이고 쌓여 바이오리듬이 깨지고 평균수명에까지 영향을 미치는 것이다. 그래도 나는 젊으니까 야간 교대근무쯤은 거뜬할 것 같았다. 처음 야간 교대근무를 한 날에는 퇴근 후에 집에서 3시간만 자고 일어나도 생활하는 데 문제가 없었다. 하지만 야간 교대근무가 쌓이고 쌓이자 몸에 피로가 누적되었다.

야간근무를 끝마치고 난 뒤 잠자는 시간이 3시간, 6시간, 8시간 이렇게 점점 늘어났다. 물론 야간근무자를 배려해 휴게 시간 3시간이 주어지긴 한다. 하지만 그 시간은 일정하지 않다. 22~1시가 될 수도 있고, 1~4시, 2~5시가 될 수도 있다. 수시로 울리는 무전 소리 때문에 편안하게 휴식을 취하기도 어렵다.

야간에 노는 것과 일하는 것은 다르다. 시간을 마음대로 활용하며 밤을 새우는 게 아니라 항상 긴장 상태로 '일'을 하는 것이기에 주간근무보다 피로가 2배 이상 누적된다. 야간근무를 하고 퇴근할 때쯤 되면 하늘이 노랗게 보인다. 내 몸이 내 몸이 아닌 것만 같고, 집으로 들어가는 길도 천근만근이다. 아침식사고 뭐고 빨리 가서 자고 싶은 마음뿐이다. 지구대, 파출소에서는 야간 교대근무를 피할 수 없으니 초반에 지치지 않도록 몸을 꼭 관리해주기 바란다. 아무리 젊은 20~30대라고 할지라도 말이다.

야간근무에 도움이 되었던 방법들
#운동 #보약 #목욕 #낮잠 #암막커튼

주간근무처럼 몸 상태를 유지하기는 어렵겠지만, 그래도 좋은 컨디션을 유지할 수 있는 몇 가지 방법이 있다.

1. 운동

시험에 합격하고 나면 시간이 없다는 핑계로 운동을 소홀히 하게 된다. 야간근무 여부와 상관없이 우리의 몸은 항상 운동을 해주어야 한다. 운동을 하고 나면 더 힘들 것이라고 생각하지만 운동을 해야 야간근무를 버티는 체력을 기를 수 있다. 오히려 운동을 하지 않으면 다음 날에 몸이 더 무겁게 느껴진다. 운동을 함으로써 몸에 좋은 스트레스를 줘야 다른 스트레스를 버틸 수 있다. 야간근무로 바쁘고 피곤하더라도 꼭 꾸준히 운동 시간을 확보하기 바란다.

2. 보약

나는 보약, 영양제 등은 수험 생활 때도 챙겨 먹지 않았다. 아직 젊으니까 필요 없다고 생각했다. 삼시세끼 잘 먹고, 화장실만 잘 가면 된다고 생각했다. 하지만 이것도 주 5일 주간근무를 할 때의 이야기다. 야간근무자는 의도적으로 몸에 좋은 것을 찾아 복용해야 건강을 유지할 수 있다. 돈이 아깝다고 생각하지 말고 몸이 아깝다고 생각하기 바란다. 피로는 계속 축적된다. 지금 당장 아무 이상이 없더라도 보약이나 영양제를 꼭 복용하자. 안 먹는 것보다는 먹는 것이 훨씬 낫다.

3. 목욕

퇴근 후의 목욕은 피로를 풀어주고 숙면에 도움이 된다. 피곤하다고 집에 들어와 바로 잠자리에 들지 말고 힘들었던 몸에게 보상을 준다는 생각으로 깨끗하게 씻고 잠에 들도록 하자.

4. 낮잠

야간근무 출근 전에 낮잠을 자주면 좋다. 1시간 이상 자면 깨어나기 힘들기 때문에 20~30분 정도가 적당하다.

5. 암막커튼

우리는 남들이 출근하는 시간에 잠에 든다. 낮에는 어쩔 수 없이 창문으로 빛이 들어온다. 숙면을 취하기 어려운 환경이므로 예민하다면 꼭 암막커튼을 달기 바란다. 나처럼 머리만 대면 자는 타입이라면 괜찮지만 그렇지 않다면 암막스티커 등을 활용하는 것도 한 방법이다.

아무리 체력이 좋아도 야간근무가 힘든 것은 어쩔 수 없다. 신입의 열정적인 마음가짐만으로는 해결하기 어려운 부분이 아닐까 싶다. 지역경찰이라면 야간근무를 피할 수 없으므로, 어떻게 하면 야간근무 후에 피로가 가장 잘 풀리는지 자신만의 패턴을 찾기 바란다. 당장은 괜찮은 것 같아도 점차 피로가 누적되다 보면 어느 순간 몸이 상했음을 피부로 느끼게 될 것이다. 그러니 꼭 잘 챙겨 먹고, 잘 자고, 잘 쉬면서 몸을 보살펴주자.

경찰부부는 많은데
내 결혼은?

가장 큰 난관이었던 취업 문제가 해결되었지만 아직 또 다른 문제가 우리를 기다리고 있다. 바로 결혼 문제다. 이제 나이가 나이인 만큼 결혼을 해야 하지 않겠냐는 주변의 물음, 하나둘씩 결혼 소식이 들려오는 친구들, 점점 많아지는 경찰커플 동기들, 만만치 않게 빠져나가는 축의금 비용 등이 우리를 압박한다. 나중에 '경조사비용 계좌를 따로 만들까?' 하는 생각이 들 때쯤 나의 결혼 문제에 대해서도 실감하게 된다.

2030세대를 주축으로 결혼에 대한 생각이 바뀌어가는 추세다. 경제적인 문제 때문에 결혼을 굳이 해야 하느냐는 의견과 누군가와 함께하는 것도 좋지만 나를 위해 시간을 좀 더 투자하고 싶다는 의견 등 경제 문제와 사회적 분위기에 따라 결혼은 필수가 아닌 선택으로 자리 잡았다. 심지어 그동안 지인의 결혼식에 참석하며 썼던 축의금을 되돌려받기 위해 따로 '비혼식'을 하는 비혼주의자도 늘어가는 추세다.

이제 나의 인생을 좀 즐기려나 싶었는데, 여기저기서 결혼 소식이 들려오고 나이가 점점 차니 결혼에 대해 진지하게 고민하게 되었다. 누군가와 평생 같이 산다는 것이 무엇을 의미하는지, 남들처럼 적당한 때 적당한 배우자를 만나 결혼하면 되는 것인지. 물론 비혼주의자라면 크게 고민하지 않겠지만 결혼에 대해 긍정적이라면 어떤 기준을 갖고 어떤 짝을 찾아야 할지 생각이 깊어질 것이다.

경찰커플이 많다고 내 짝이 있는 건 아니야
#경찰커플 #경찰부부

주위에 경찰커플이 참 많다. 수험생 시절에 만났던 커플이 합격해 경찰커플이 되는 경우도 있고, 중앙경찰학교에서 인연을 맺어 사귀는 경우도 있고, 현직에서 일하면서 만난 커플도 있다. 주변 동기들 역시 대부분 경찰과 경찰이 만나 인연을 맺는다. 언론에서는 연일 경제적 이유 때문에, 비혼주의자이기 때문에 청년들이 연애를 하지 않는다는 기사를 쏟아내지만, 이와 상반되게 경찰남자친구, 경찰 여자친구를 사귀고 있는 동기들이 참 많다. 경찰부부도 예외가 아니다. 결혼 소식이 들려오는 동기들은 대부분 같은 직업을 가진 경찰과 결혼을 한다. 선배님들 중에도 경찰부부가 참 많다. 오히려 경찰이 아닌 배우자와 결혼하는 경우가 드물 정도다.

그렇다면 왜 유독 경찰커플, 경찰부부가 많을까? 서로의 직업을 아주 잘 이해해주기 때문일 수도 있고, 아니면 자주 마주쳐 익숙하기 때문일 수도 있다. 나도 수험생일 때는 경찰이 되면 당연히 경찰인 누군가와 자연스럽게 만날 것만 같았다. 하지만 합격한 지금, 경찰을 직업으로 가진 누군가를 쉽사리 만나기가 참 어렵다. 아직 누군가를 만나 함께 살아가기에는 내 중심이 잘 잡히지 않은 것만 같다.

결혼한 선배님들은 최대한 이 사람, 저 사람 많이 만나보라고 조언해주신다. 내키지 않아도 최대한 많이 만나다 보면 정말 나와 딱 맞는 사람을 만나게 된다고. 하지만 경찰커플이 많다고 해서 반드시 내 짝이 있는 것은 아니다. 서울에 수많은 집이 있다고 해서 내가 내 집을 소유한 것은 아닌 것처럼 말이다.

배우자의 기준
#안정성만 #보면될까?

수년의 수험 생활 끝에 이제야 자유로운 시간이 주어졌다. 그런데 그 자유로운 시간도 잠시, 다시 직장에 적응하고 돈 모으고 승진 공부를 해야 한다. 합격할 때까지 경주마처럼 앞만 보고 달려왔는데, 부모님과 선배님들은 다시 우리에게 끊임없이 무언가를 해야 한다고 조언한다. 스스로 기준을 정하기도 전에 해야 일이 산더미처럼 쌓이니 버거울 뿐이다. 무엇이 되었든 우리는 자신만의 기준을 갖고 삶을 꾸려나가야 한다.

"공무원 부부면 풍족하지는 않지만 남한테 손 안 벌리고 살 수 있지." 공무원이 되고 나면 가장 많이 듣는 말이다. 경찰이 아니면 다른 공무원, 예를 들면 교사 등과 서로의 직업적 '안정성'을 이유로 많이들 결혼하곤 한다. 나 역시 안정성을 장점으로 꼽아 경찰을 직업을 선택하지 않았던가. 그런데 결혼할 때조차도 배우자의 기준을 안정성으로 판단해야 하는 걸까? 그 안정성이 정말 나에게 심리적 안정감을 줄 수 있을까? 내가 공무원이니까 적어도 상대 배우자 역시 그 정도 밥벌이를 해야 한다는 의미인 걸까? 지금까지 안정성만을 바라보고 달려왔는데 배우자마저도 같은 기준으로 고른다면 너무 안정적인 삶에만 안주하게 되는 게 아닐까.

나답게 살아갈 수 있는 배우자를 찾자
#이사람정도면 #너무좋아서 #나만의기준으로

합격만 하면 모든 것이 잘 풀리고 내가 원하는 상대방이 떡 하니 나타날 것 같았다. 하지만 한 가지 조건이 채워지면 또 다른 조건을 고민하게 될 것이다. 나만의 기준을 정하기도 버거운데 선배님들의 말씀은 또 한결같이 비슷하다. 옛 어른들 말씀 틀린 거 없다고 그들의 조언을 있는 그대로 받아들이자니, 내 생각은 반영되지 않는 것 같아 찝찝하다. 그렇다고 내 기준으로만 무언가를 결정하자니 아직 경험도 부족한데 이런 중대한 결정을 혼자 내리는 게 맞나 의구심이 든다.

20대 후반이 되면 많은 변화가 생겨난다. 책임져야 할 일이 하나둘씩 늘어나고, 가장 생각이 많아지는 시기이기도 하다. 이 사람 정도면 괜찮겠다 싶어서 결혼하는 친구, 상대방이 너무 좋아서 결혼하는 친구, 시기가 잘 맞아서 결혼하는 친구, 청춘은 다시 돌아오지 않으니 최대한 많이 만나보라는 선배님, 이것도 따져보고 저것도 따져보라는 선배님 등 나만의 기준이 없으니 여러 상황과 조언에 휘둘리게 된다.

한 가지 확실한 건 분위기에 휩쓸려서, 남들이 하는 소리에 휩쓸려서 배우자를 고르면 안 된다는 것이다. 물론 그 정도는 생각할 수 있는 나이지만 그렇지 않은 경우도 더러 있다. 여유가 있을 때 미리 자신만의 기준을 정립해두면 어떨까? 상대방의 소득, 출신지, 가치관, 종교 모두 다 중요한 요소인 것은 맞다. 하지만 생활과 밀접하게 관련되어 있는 것을 더 중요하게 확인해야 한다. 치약을 밑에서부터 꼼꼼하게 눌러 사용하느냐, 아니면 신경 쓰지 않고 위에서부터 사용하느냐 하는 문제로도 사소한 싸움이 벌어지기도 한다. 하나부터 열까지 신중하지 않을 수가 없다.

가장 중요한 것은 온전히 나답게 살 수 있는지, 나의 고민을 A부터 Z까지 말해도 모든 것을 받아줄 수 있는지 여부라고 생각한다. 반대로 상대방 역시 나라는 사람 덕분에 온전한 모습으로 살아갈 수 있는지 확인해야 한다. 상대방 옆에 있는 나의 모습이 스스로 만족스러운지도 확인해보자.

공무원 시험에 합격하면 주변에서 들려오는 이야기가 많을 것이다. 타인의 기준에 휩쓸리지 말고, 정말 '나'다울 수 있는지에 기준점을 두고 자신만의 기준을 하나씩 정립해보자. 주변의 조언에 쉽게 휘둘리지 않을 확고한 기준을 세운다면 취업이라는 벽을 넘었던 것처럼 결혼이라는 벽도 넘을 수 있지 않을까?

무슨 소문이
그렇게 많아요?

　어느 회사든 소문은 많다. 회사뿐만 아니라 초·중·고등학교를 비롯해 대학교까지 우리는 20년 이상 여러 조직에서 수많은 소문을 듣고 살아왔다. 누군가의 소문을 건너 건너 들을 때도 있었고, 떠돌아다니는 나의 소문을 우연히 들을 때도 있었다. 소문은 참 빠르고 와전도 빠르다. A의 입에서는 'a'라고 해석되었던 것이 B의 입에서는 'b'라고 해석되기도 한다. 내가 여기서 들었던 소문을 하루도 채 안 되어 저기서 알게 되고, 철수라는 사람이 나랑 맞지 않는 것뿐인데 모두에게 이상한 사람처럼 소문이 퍼지기도 한다. 실제로 겪어보면 소문만큼 이상한 사람이 아닐 수도 있고, 나와 정말 잘 맞는 사람일 수도 있다. 도대체 이런 소문은 어떻게 퍼지게 되는 것일까?

난 잘못한 게 없는데 상대방이 이상한 거야
#네탓 #내생각은이런데

보통 남들의 뒷담화를 듣다 보면 '나는 잘못한 게 없고 내 생각이 무조건 맞으며 상대방이 틀리고 잘못된 거야.'라는 식인 경우가 많다. 갈등의 원인을 내가 아닌 타인에게로 돌린다. 모든 갈등에는 개인의 주관적인 감정이 들어가기 마련이지만 그것이 객관적인 판단인 것마냥 그렇게 소문을 낸다. 남에게 관심을 두지 않으면 내 입에서 나오지 않을 상대방의 이름. 그런데 상대방의 이름이 나의 입 또는 타인의 입에서 오르내린다는 것은 부정적인 내용인 경우가 많다. 물론 상대방과의 생각 차이, 의견 차이로 부정적인 생각이 들 수도 있다. 하지만 그렇다고 험담을 해서는 안 된다.

'나라면 이렇게 해줬을 텐데.' '나라면 이렇게 할 텐데.' 모든 갈등의 원인, 그러니까 누군가를 험담하는 이유는 상대방에 대한 편협한 생각에서 비롯된다. 5천만 명의 사람이 사는 이 세상에서 남

에게 피해를 주는 것이 아니라면 개개인의 입장을 존중해줘야 한
다고 생각한다.

사실은 그게 아니야
#오해였어 #말하지않으면몰라요

연애를 할 때는 대개 연락 문제가 가장 크게 대두된다. 성향에
따라 조금씩은 다르지만 사소한 연락이라도 지속적으로 하는 것
이 서로에게 신뢰를 주고 안정감을 느끼게 해준다. 그런데 예를
들어 여자가 바쁜 상황이고 그것을 남자도 알고 있다고 가정해보
자. 여자는 바쁜 와중에도 핸드폰을 수시로 확인하는데 남자는 연
락이 없다. 여자는 바쁜 상황이지만 남자가 연락이 없으니 서운해
지기 시작한다. 물론 여자가 먼저 연락을 할 수도 있지만 서운함
이 커져 고요한 핸드폰을 바라보기만 할 뿐 먼저 연락하지는 않
았다. 그러다 나중에 남자에게 서운함을 토로한다. 하지만 남자는
바빠서 방해가 될까 봐 연락하지 않았다는 입장을 취한다. 오히려
상대를 배려했는데 이런 오해가 종종 생기는 것이다. 솔직하게 마
음을 털어놓으면 서로 어떤 의도로 그렇게 행동했고, 왜 오해가
생겼는지 알 수 있다.

직장도 마찬가지다. A라는 사람이 소문의 당사자라고 해보자. A라는 사람의 소문은 소문 당사자의 입장을 고려하지 않은 채 자극적으로 퍼지기 마련이다. A라는 사람의 입장을 구체적으로 들어보면 나머지 중요한 부분은 빼고 자극적인 부분만 소문으로 돌아다닌다. 따라서 A라는 사람과 가까운 사이인가에 따라 소문은 다르게 포장된다. 서로의 입장을 들여다보면 상황은 공통적이나 해석이 다르게 될 뿐이다.

세상에 비밀은 없다
#적어도회사엔 #비밀이없어

파출소 선배님께서 자주 하셨던 말씀이 있다.

"세상에 비밀은 없다. 오늘 이 공간에서 흘러나온 내용은 내일이면 저 공간에서 떠돌아다닌다."

우리는 모두 각자의 비밀을 가지고 있다. 개인적인 고민이나 상처 등을 친구나 연인에게 털어놓기도 한다. 이런 이야기는 개인과 개인 간의 교류다. 하지만 회사는 다르다. 회사 동기나 선배들과는 개인적인 이야기보다는 업무 이야기, 팀 내 분위기, 회사 분위기 등이 소재가 된다. 무거운 주제가 아니기 때문에 서로 가볍게 오늘 들었던 내용을 내일 다른 동기나 선배, 다른 팀에 가서 하기도 한다. 그렇기에 회사 내의 소문은 정말 빠르게 퍼진다.

우리는 수많은 소문에 어떤 자세를 취해야 할까? 소문은 소문일 뿐이다. 내 눈으로 확인하기 전까지는 그저 한 귀로 듣고 한 귀로 흘려버리면 된다. 떠돌아다니는 소문에 동조할 필요도 없고, 가십거리 삼아 또 다른 소문을 낳을 필요도 없다. 소문은 아무리 정확하게 내 입을 거치더라도 와전되기 쉬운 특성이 있기 때문에 누군가에게 어떠한 이야기를 들었다면 '그런 일이 있구나.' 정도로 생각하고 넘어가면 된다.

타인의 소문을 듣다 보면 어느 순간 이런 생각이 든다. '내 소문도 어디선가 떠돌고 있겠구나.' 정말 사소한 것 하나라도 이야기가 오르내리기 때문에 내 이야기도 어느 곳에선가 오르내릴 것이다. 회사 내에서 여러 소문을 듣다 보면 생각의 순환이 이루어진다. '내 소문도 어디에선가 돌고 있을 테니 행동을 똑바로 해야겠다.' '괜히 소문 한번 잘못 났다가 앞으로의 직장 생활이 순탄하지 않겠구나.' 하는 생각에 행동 하나하나를 조심하게 된다. 하지만 시선을 의식한 나머지 과하게 행동을 조심하다 보면 너무 힘들어질 수 있다. 싫은 일에도 좋다고 답하다 보면 어느 순간 한계점이 온다. 곪아서 터져버리는 것이다.

싫은 일에 싫다고 솔직하게 표현했다가는 순식간에 이상하게 이야기가 돌아버리는 곳이 바로 직장이다. A파출소에서 있었던 소문을 다음 날 B파출소에서 듣는 일도 흔하다. 특히나 공무원 조직은 사기업과 달리 구성원과 오랜 시간 함께해야 한다. 이 좁은 조직 내에서 내 멋대로 행동한다는 것이 쉽지 않을 것이다. '내 멋대로'까지는 아니더라도 어느 정도 스스로의 감정에 솔직해지지 않으면 오랫동안 행복하게 일할 수 없다. 혹자는 그러한 것을 인내하는 게 사회 생활이라고 말한다. 하지만 사회 생활도 내가 버텨낼 수 있는 선에서 해야 하는 것이 아닐까.

소문에 굳이 위축될 필요도 없다는 생각이 든다. 분명 조직 생활을 하다 보면 나에 관한 이야기도 떠돌기 마련이다. 나에 관한 이야기가 내 귀에 들리지 않을 것이라고 여기고 여기저기서 떠드는 사람도 생긴다. 있었던 사실과는 다른 이야기를 함부로 입 밖에 꺼내 자기 마음대로 사람을 이상하게 만들어버리는 경우도 있다. 그렇다면 사실 그게 아니었다고 일일이 다시 반박하는 것이 옳을까? 그럴 필요 없다. 그 사람과 똑같은 사람이 되지 않으면 될 뿐이다. 내 소중한 감정을 엉뚱한 곳에 낭비할 필요가 없다.

이 직장을 퇴사하지 않는 한 정년퇴직 직전까지 소문은 끊이지 않을 것이다. 비밀도 없고 남의 소문과 내 소문이 뒤엉켜 들려올 것이라면, 차라리 감정의 스위치를 끄고 마음을 비우는 편이 좋지 않을까?

객관식 공부는
끝나지 않았다

라면 받침대로 쓰려고 했는데

#객관식 #중앙경찰학교시험

수험생 시절, 우리는 한 과목당 적어도 객관식 문제만 1천 개를 풀었다. 기본 책의 구성이 그렇게 되어 있기 때문이다. 동형모의고사까지 합산하면 1만 개에 달하는 문제는 족히 풀지 않았을까. 네 가지 선택지 중에서 1번을 지우고 3번을 지우고 2번과 4번 사이에서 고민하는 작업을 몇 년 동안 반복한 것이다. '시험이 끝나면 두꺼운 기출문제집은 라면 받침대로 사용하리라.' 하는 다짐도 했다.

그토록 바라던 경찰공무원 시험에 합격하고, 중앙경찰학교에 입교했다. 그런데 끝난 줄만 알았던 객관식 평가가 다시 우리를 기다리고 있었다. 객관식 평가뿐만 아니라 사격 평가, 무도 평가, 운전 평가, 동료 평가, 교수 평가 등 수많은 평가가 존재한다. 합격한 지 불과 3개월 만에 다시 객관식 문제를 풀어야 하는 이유는 좋은 점수를 받아야 원하는 지역에 발령받을 수 있기 때문이다. 물론 예전처럼 합격, 불합격이 달린 문제가 아니기 때문에 욕심이 없다면 조금 못 봐도 괜찮다. 어쨌든 시험을 잘 보든 못 보든 똑같은 경찰이기 때문이다. 수험생 때보다 마음의 족쇄에서 조금은 자유롭다.

그렇게 이제 진짜 경찰이 되었다. 그랬더니 이번에는 승진시험이 우리를 기다린다. 책꽂이에 꽂혀 있던 1년도 더 지난 기출문제집을 다시 꺼내야 한다. 물론 승진시험이 아니더라도 근속승진이라는 제도가 있기 때문에 욕심이 없다면 굳이 공부할 필요는 없다. 그럼에도 누군가는 또 열심히 공부한다. 그들이 이토록 애쓰는 이유는 무엇일까? 순경보다는 경장이 좋아서? 남들 다 승진 공부하는데 나만 안 할 수는 없으니까? 조금이라도 월급이 오르니까? 각자 이유는 다르겠지만 어찌되었든 선택의 문제다. 보통 우리는 자신의 능력에 따라 남에게 평가받는다고 생각한다. 능력이 출중하면 상사에게 인정받고, 그렇지 않으면 인정받지 못한다고 생각하는 것이 일반적이다.

"인간은 결코 능력으로 평가받지 않는단다. 항상 무엇을 선택하느냐로 평가받지?"

자신의 부족한 능력을 자책하던 해리 포터에게 덤블도어 교수가 건넨 말이다. 중앙경찰학교의 경우 능력이 아무리 뛰어나더라도 공부를 하지 않으면 원하는 지역에 가기 어렵다. 승진도 마찬가지다. 아무리 머리가 좋아도 그 이유 하나만으로 승진을 시켜주지는 않는다. 중앙경찰학교에서 공부를 하느냐 마느냐, 승진시험 대비를 하느냐 마느냐 여부로 평가받는 것이다. 모두 우리의 '선택'에 달려 있다.

다시 공부하기가 힘든 이유
#심적여유 #안정감 #의무감 #나가놀고싶다

보통 승진시험은 1월에 있다. 직장인은 방학이 따로 없기 때문에 승진에 욕심이 있다면 미리미리 준비해야 조금 여유 있게 공부할 수 있다. 수험생 때는 공부에만 집중하면 그만이었지만 승진시험은 직장에 다니면서, 현장에서 일하면서 준비해야 한다. 직장에 얽매여 있는 시간이 훨씬 많기 때문에 출근 전, 퇴근 후, 쉬는 날에 시간을 쪼개 공부할 수밖에 없다. 수험생 때 아르바이트를 하면서, 직장에 다니면서 공부해본 경험이 있다면 '그쯤이야 하면 되는 거지. 뭐가 힘들어?'라고 생각할 수도 있다.

하지만 공부에만 집중하기 힘든 이유는 '심적 여유'에 있다. 이미 경찰이기 때문에 직업적 안정감이 주는 여유로움이 발목을 잡는다. 그럼에도 승진은 해야 할 것만 같아 의무감에 공부를 해보지만, 절박함이 없으니 펜을 던지고 밖으로 나가 여유를 즐기고 싶을 뿐이다.

우리에겐 선택권이 주어졌다
#승진할수도있고 #그저즐길수도있고

수험 생활도 끝났겠다 어차피 승진은 해도 그만, 안 해도 그만이다. 어느 누구도 강요하지 않는다. 그런데 나만 안 하면 안 될 것 같은 불안감이 생기는 것은 어쩔 수 없다. 우리의 객관식 공부는 시험 승진이 가능한 그 날까지 끝나지 않는다. 내가 근무했던 부

서의 선배님들은 대개 '승진'의 중요성을 강조하셨다. 계급사회에
서는 어쩔 수 없는 부분이라며, 심지어 승진이 잘 되는 부서에서
근무하면서 무조건 승진부터 하라고 조언한 선배님도 계셨다. 어
떤 선배님은 공부를 독려하시며 하나라도 더 배우려 하고, 승진하
려고 애쓰는 후배가 예뻐 보일 수밖에 없다고 하셨다. 남는 시간
에 꼭 공부하라며 도움이 되는 사이트와 교재를 알려주시는 선배
님도 있다.

　내가 경찰 생활을 시작한 지 얼마 되지 않아서인지 아직 승진
과 계급의 중요성은 잘 모르겠지만, 선배들이 공통적으로 강조하
는 부분이니 심적으로 부담이 되기는 한다. 순경으로 들어와 경장
까지 근속 승진을 한 선배님도 계시고, 없는 시간을 쪼개 공부하
면서 시험 볼 수 있는 기회가 주어질 때마다 승진한 선배님도 계
신다. 결국 공부를 하든, 좀 더 여유를 즐기든 본인의 선택에 달린
문제다.

　승진시험은 형법, 형사소송법, 실무종합 3개 과목으로 평가받
는다. 실무종합은 수험 생활 때 공부했던 경찰학개론이라고 생각
하면 된다. 물론 우리를 힘들게 했던 영어와 한국사가 없기에 조
금 부담이 덜하지만 어찌되었든 시험은 시험이다. 평소의 근무 태
도도 중요하고 상점도 중요하다. 모든 것이 합산되어 승진 여부가
결정된다.

순경으로 들어와 그다음 해에 바로 경장으로 승진하고 싶다면 벼락치기보다는 조금씩 체계적으로 미리 준비하는 것이 좋다. 옆에서 선배들이 공부하는 걸 보니 과목이 적다고, 경쟁률이 낮다고 결코 만만한 시험은 아닌 듯하다. 노력한 만큼 결과가 나오고, 직장 생활을 하면서 틈틈이 공부해야만 하는 것이 승진시험이다. 우리는 퇴직하기 전까지 '시험'이라는 단어에서 결코 자유로울 수 없다.

경찰공무원은 성향이나 재능에 따라 경험해볼 수 있는 분야가 다양하다. 경찰공무원은 크게는 내근직과 외근직으로 구분되며, 작게는 경무, 생활안전, 여성청소년, 수사, 형사, 교통, 경비, 정보, 보안, 청문감사, 112종합상황실 등으로 나눠진다. 본인의 성향에 따라 원하는 부서를 선택할 수 있고, 인사이동 주기가 짧다는 장점을 활용해 여러 부서를 경험해볼 수 있다. 따라서 현재 하고 있는 일과 맞지 않다고 해서 '경찰'이라는 일과 안 맞다고 단정 지을 필요는 없다.

신임 경찰,
행복을 찾다

첫 발령지가
시골이라고요?

모든 신임 경찰의 관심사, 발령지
#1급서 #2급서 #3급서

모든 평가가 종료되면 신임 경찰은 자신이 가고 싶은 경찰서를 가늠한다. 시·도경찰청마다 발령 방식은 조금씩 다르다. 어떠한 청은 연고지와 개인 사정을 조금 반영해주는 반면, 어떠한 청은 무조건 성적으로 자르기도 한다. 교육생이 교수님에게 가장 자주 하는 질문도 "성적이 이렇게 나왔는데 어느 서를 쓰는 게 좋을까요?" "어디의 서풍이 좋은가요?" "1급서가 좋나요? 아니면

2~3급서가 좋나요?" "1급서의 장단점은 뭔가요?" 등이다. 참고로
1~3급서의 뜻은 다음과 같다.

　　1급서: 주로 인구가 많고, 업무가 많아 바쁜 곳
　　2급서: 인구가 적고 상대적으로 업무가 적은 곳
　　3급서: 1~2급서에 비해 인구가 적고 주로 농어촌에 소재한 곳

이렇게 평가와 연고지를 고려해 본인이 어느 서에서 근무하면
좋을지 여러 가지 조건을 따져봐야 한다.

일반적으로 이야기되는 1~3급서의 장점과 단점은 이렇다. 우
선 1급서는 순경이 많아 업무 고충을 털어놓기 쉽고, 여러 케이스
의 사건을 접해볼 수 있고, 주로 도심에 있어 통근이 유리하다. 반
면 동료 순경이 많다 보니 그만큼 평가에서 좋은 결과를 내기 어
렵고, 좋은 기회를 잡기도 힘들다는 게 단점이다. 그리고 2~3급서
에 비해 바빠서 쉴 틈이 없다. 2~3급서는 순경의 수가 적어 신임
으로서 좋은 기회를 자주 접할 수 있다. 서에 들어가기 수월하며,
두각을 나타내기 쉽다. 또한 적당히 바빠 일을 절차대로 정확하게
익힐 수 있다. 그러나 도심에서 벗어난 지역에 있기 때문에 연고
지가 아닌 경우 자취를 해야 한다.

이러한 장단점을 내가 직접 다 경험해본 것은 아니고 동기들

이 공통적으로 이야기한 부분을 요약한 것이다. 물론 좋은 점, 나쁜 점을 하나부터 열까지 따지기 시작하면 끝도 없다. 어느 경찰서에 가든 다 본인의 역량에 달려 있다. 원하는 서에 못 간다고 좌절할 필요도 없고, 원하는 서에 간다고 모든 일이 다 잘 풀리지도 않는다. 어느 조직이든 마찬가지겠지만 모든 일은 일보다는 사람 관계에서 오는 스트레스가 크다.

3급서, ○○경찰서에 발령받다
#○○이라고? #거긴어디야?

전혀 생각하지도 못했던 지역으로 발령을 받았다. 아무런 연고도 없는 이곳에 내가 발령을 받다니! 중앙경찰학교 수업 시간 도중에 폴넷(경찰 내부망)에 배치서가 확정되었다는 소식을 듣게 되었고, 교수님의 도움으로 동기들과 함께 발령받은 서를 확인할 수 있었다. 생소한 지명을 확인한 순간, 그때의 좌절감은 이루 말할 수 없었다. 머릿속에는 벌써 한 달에 100만 원씩 깨지는 자취비, 교통비, 차량 유지비가 떠올랐다. '사회초년생의 첫걸음을 이렇게 빠듯하게 시작해야 하다니.' 부정적인 감정이 엄습했다.

"3급서의 경우 직원이 200명 내외이기 때문에 자신을 드러내기 좋다." "뭐 하나만 잘해도 소문이 잘 나니까 오히려 기회로 삼을 수 있다." "어차피 일하는 거 조금 느리게 배울 뿐이다." 이렇게 위로해주는 교수님도 계셨지만 내 귀에는 들리지 않았다. 하지만 내 의지로 바꿀 수 없는 부분은 빠르게 포기하는 것이 좋다. 눈앞의 현실을 최대한 빨리 받아들이고, 그 속에서 장점을 찾아내 잘 활용해야 한다.

본가와 거리가 멀어 서와 가까운 곳에 집을 구하거나 차를 마련해야 했다. 개인적으로는 차를 사는 것보다는 서와 가까운 곳에 집을 구하는 편이 생활하기 수월해 보였다. 이왕이면 발령받은 곳에서 가까운 곳으로. 그렇게 나는 생애 첫 독립을 하게 되었다. A부터 Z까지 스스로 해결할 수 있음에, 혼자서 성장할 수 있는 기회를 얻었음에 감사하기로 했다. 현재 나는 생활비로 월 55만 원을 지불하고 있다(월세 35만 원+공과금 5만 원+식비 5만 원+생활용품 10만 원).

그냥 돈만 나간다고 생각하면 거기서 끝이지만 나는 최대한 긍정적으로 생각하기로 했다. '서울에서 왕복하면 5시간이다. 나는 55만 원으로 하루 5시간의 출퇴근 시간을 벌었고, 누구에게도 방해받지 않는 시간을 얻었다. 그리고 친구들이 서울에 있으니 약속이 없어 저녁 시간도 벌었다.' 반면 부정적으로 생각하면 55만 원은 불필요한 지출이 된다. '아직 사회초년생이고 그동안 고생했으니까, 월세를 내면 돈도 못 모을 텐데 쓰고 싶은 대로 쓰고 살자.' 이렇게 생각하지 말고 55만 원과 맞바꾼 시간을 얼마나 유용하게 활용할 것인지 진지하게 고민해보자. 출퇴근 시간을 벌었으니 출근 전에 늦게 일어나고, 퇴근 후에 늦게 자는 걸로 끝내서는 안 된다. 덜 피곤한 만큼 목표를 이루기 위해 힘쓰고, 벌어들인 시간 내에 성과를 내야 한다.

카페 음료보다는 인스턴트커피로
#커피값부터 #아끼자 #인스턴트커피

생활비를 절약하기 위해 카페 음료부터 끊었다. 원래도 자주 가는 편은 아니었지만 막상 자취를 하니 커피값 5천 원이 크게 느껴졌다. '이 돈이면 버섯, 마늘, 계란을 사서 일주일은 먹을 수 있을 텐데.' 하는 생각이 들어 카페를 갈 수 없었다. 카페 음료를 못 먹는다고 해서 고달프다는 생각은 전혀 들지 않았다. 오히려 스스로 돈을 통제하는 것이 즐겁게 느껴졌다. 또 인스턴트커피에 꿀과 우유를 넣어 라테를 만들어 먹거나, 초콜릿 우유에 인스턴트커피를 넣어 카페모카를 만들어 먹는 등 새롭게 시도하는 재미도 쏠쏠했다.

장점이 있으면 단점이 있고, 단점이 있으면 장점이 있기 마련이다. 『이상한 나라의 앨리스』에는 이런 명대가 있다.

"내 기분은 내가 정해. 오늘은 '행복'으로 할래."

자취를 하는 것도, 출퇴근을 하는 것도 모두 본인의 선택이다. 부정적인 사람은 자취를 하면 돈이 많이 나가서 힘들고, 출퇴근을 하면 몸이 고달파 힘들 것이다. 일단 무엇이든 선택을 했다면 주어진 상황 속에서 최선을 다하면 된다. 내 선택이 최선의 선택이 되도록 만들면 된다. 그러니 앨리스의 말대로 '내 상황은 내가 정한다.' 하는 마음가짐으로 상황에 휘둘리지 말고, 매 순간 최선을 다해 장점을 찾아보자. 3급서라, 시골이라 배울 점이 없다는 그 문제도 생각을 한번 바꿔보면 어떨까?

어느 파출소든
배울 것은 많다

내 첫 근무지에 인사드리러 가기
#뭘사갈까? #비타민음료? #정신부터챙기자

중앙경찰학교 과정을 마치면 실습 4개월간 시·도경찰청, 경찰서, 지구대 파출소에서 근무하게 된다. 때에 따라 다르고, 청별로 다르지만 대개 시·도경찰청에서 일주일, 경찰서에서 2주, 지구대 파출소에서 나머지 기간을 채운다. 나는 코로나19로 인해 시·도경찰청 근무는 생략했고, 경찰서에서 2주, 파출소에서 16주 근무하게 되었다.

이후 정식으로 발령을 받으면 첫 출근 전에 미리 근무지로 인사를 드리러 가게 된다. 중앙경찰학교 교수님께서도 발령이 나면 정식으로 근무하기 전에 미리 인사를 드리라고 조언해주셨다. 근무 당일에 인사드리기보다는 미리 눈도장을 찍는 것이 좋다. 내가 근무할 파출소가 어디에 위치해 있고, 근무할 팀이 몇 팀인지도 알 수 있기 때문이다. 어렵게 생각할 필요 없다. 혼자 가는 것이 부담스럽다면 같은 파출소에 배정된 동기와 가는 것을 추천한다. 나도 같은 파출소에 배정된 동기와 미리 인사를 드리러 갔었다.

아마도 쭈뼛쭈뼛 들어가서 무슨 이야기를 해야 할지 모르겠고, '근무에 방해가 되지 않을까?' '나의 첫 멘토는 누구일까?' 등 생각이 많아질 것이다. 하지만 막상 찾아가면 대부분 굉장히 밝은 얼굴로 맞아주신다. 나 역시 생각했던 것과 달리 굉장히 반갑게 맞아주셨다. 그러니 딱딱하게 직장 상사, 선배라고 생각하지 말고 그냥 인간 대 인간으로 진심으로 인사를 드리러 간다고 생각하자. 선배님들도 편안하게 맞아주실 것이다.

빈손으로 가기가 좀 그렇다면 비타민음료, 자양강장제 등을 사가면 된다. 주스도 좋고, 간식거리도 괜찮다. 확실히 무언가 먹으면서 이야기하는 편이 어색하지 않고 좋다. 혼자 가든 함께 가든, 무얼 사가든 사실 제일 중요한 것은 밝은 인상이다. 신임 경찰이라면 밝은 이미지가 가장 중요하다고 생각한다.

파출소에서의 첫 근무는

#학교가아니야 #알아서챙겨야해

나의 첫 업무는 야간근무였다. 출근해서 적응도 하기 전에, 무전기를 몸에 지니기도 전에 신고가 들어왔다. 당시 나는 화장실에 있어 무전기 소리를 듣지 못했고, 신고현장은 나의 첫 멘토와 팀장님 두 분이 대신 다녀오셨다. 신입이라 용서받을 수 있는 행위였다. 지역경찰에게 무전기는 항상 긴장하고 가지고 있어야 하는 필수품이다. 누가 가르쳐주지 않아도 중앙경찰학교에서 배웠던 대로 근무에 임해야 한다.

첫 근무의 신고식인지 두 번째 신고가 곧바로 떨어졌다. 이번엔 폭행 사건이었다. 드라마에서 봤던 무자비한 폭행을 연상하고 잔뜩 긴장한 채로 뒷좌석에 탑승한 채 현장으로 향했다. 다행히 상황은 일단락된 상태였고 사건의 시시비비만 따지면 되는 현장이었다. 모든 것이 처음이었던 나는 최대한 방해가 되지 않도록 선배님들의 뒤에 서서 상황을 지켜보았다. 눈으로 직접 현장을 보고 배울 수 있는 귀중한 시간이었다. 사건의 전후 사정을 가리기 위해서는 객관적인 증거가 우선시된다. 당시 선배님들은 객관적인 증거를 확보하기 위해 CCTV부터 확인하셨고, 이후 서류에 정확한 사항을 기재해 사건을 처리하셨다.

떠먹여주는 것은, 어디서부터 어떻게 해야 하는지 일일이 알려주는 것은 중앙경찰학교에서 끝났음을 깨닫게 된 순간이었다. 실전에 투입된 이상 내가 챙길 것은 알아서 챙겨야 한다.

내가 발령받은 파출소는
#장점을찾으면 #충분히많아

처음에 발령받았던 파출소는 다른 파출소와 비교해 상대적으로 신고건수가 적은 곳이었다. 신임 순경은 보통 신고건수가 많고 바쁜 지구대, 파출소에 가야만 배울 것이 많다고 생각한다. 그래서 규모가 작은 파출소에 발령받으면 걱정부터 앞선다. 인원도 적고, 내가 생각했던 모습과 다르니 배울 것도 없다고 생각한다. 물론 사건을 잘 다루려면 직접 해보는 것이 훨씬 도움이 된다. 백날 중앙경찰학교에서 이론 수업을 받는다고 해서 현장에 완벽하게 적용할 수 없는 것처럼.

문제는 누군가 규모가 큰 파출소에 발령을 받으면 누군가는 규모가 작은 파출소에 발령받을 수밖에 없다는 점이다. 그렇다면 생각을 조금 달리해보자. 만일 규모가 작은 파출소로 발령받았다면 선배와 대화할 시간이 늘어난 셈이다. 선배가 과거 어느 부서에서 근무했는지, 내가 속한 경찰서의 분위기는 어떤지, 경찰로서 앞으로 진로는 어떤 방향으로 정해야 하는지 궁금한 것을 마음껏 물어볼 수 있다. 규모가 작은 파출소에 발령받았다고 해서 평생 그 파출소에서 근무하지는 않는다. 언젠가는 근무지가 바뀌게 될 것이고, 언젠가는 바쁜 파출소에서 일해야 할 순간도 있을 것이다. 그러니 흙속에 진주를 발견한다는 느낌으로, 세밀하고 세심하게 습득하고 배울 수 있는 부분은 없는지 모든 상황에 촉각을 곤두세워보는 것은 어떨까.

작은 불빛도, 그 누구도 그냥 지나치지 말 것
#나같이둔한아이도 #때로는세심함이필요하다

우리는 불빛에 익숙하다. 어두운 밤길에도 가게에서 나오는 불빛, 차량에서 나오는 불빛에 의지할 수 있다. 하지만 시골에서는 밤이 되면 불빛 한 점 없이 어둑해지는 것이 일상이다. 그러니 순찰 중에 작은 불빛이 보이면 그냥 지나치지 말아야 한다. 어둑한 곳에 불빛이 있다면 농작물 절도범일 가능성이 있다. 단순히 농작물 절도뿐만 아니라 순찰은 항상 목적의식을 갖고 해야 한다. 차량에 탑승해 드라이브를 즐기며 거리를 순찰하는 것이 아닌, 범죄 예방에 힘쓴다는 마인드로 꼼꼼하게 살펴봐야 한다. 범죄 예방은 거창하게 시작하는 것이 아니다. 나의 첫 멘토는 경찰관의 사소한 관심과 세심함이 쌓이고 쌓여 범죄 예방으로 이어진다고 조언해 주셨다.

유난히 비가 많이 왔던 2020년 여름 어느 날이었다. 비가 너무 세차게 내리는 바람에 수시로 와이퍼로 차량의 앞 유리를 닦아야 겨우 시야가 확보되었다. 그런데 순찰을 마치고 파출소로 돌아가던 중 버스를 기다리고 계신 한 아주머니를 발견했다. 동승한 선배님께서는 어디 가시는지 묻고 비가 많이 오니 태워다 드리겠다며 주민을 안전하게 데려다 드렸다. 선배님은 항상 상대방의 입장에서 불편한 것은 없는지 생각하고, 그 불편한 점을 해결하기 위해 애쓰셨다.

배울 점이 없다고 생각하면 없는 것이고, 있다고 생각하면 하나씩 생겨나기 마련이다. 어느 파출소에 근무하든 '오늘은 무엇을 배울 수 있을까?' 하는 마음으로 최선을 다해 하루를 보내보자.

형식적인 보고서를
쓰는 이유

젊은 세대는 '효율성'을 따진다

#그냥알아만보면되잖아요 #왜몇시간동안쓰는거야

행정안전부가 발행한 『90년생 공무원이 왔다』를 흥미롭게 읽었다. 『90년대생이 온다』와는 다른 책이다. 행정안전부에서 젊은 공무원을 대상으로 인터뷰를 진행해 쓴 책으로, 나도 90년대생이라 읽는 내내 고개가 끄덕여졌다. 내가 하고 싶었던 말이 모두 적혀 있었다. 특히 지나치게 형식적인 보고서에 관한 불평이 눈에 들어왔다.

젊은 세대는 보고서 형식에 지나치게 신경 쓰는 관행을 불편하게 여긴다. 지속적인 사업과 관련된 보고서가 아니라면 군이 띄어쓰기, 표의 형태, 빈 공간, 글의 배열이 중요할까? 한 번 보고 기억도 못할 보고서인데, 형식에 치중하느라 수많은 시간을 쏟아야 한다. 이러한 '보고서 전통'이 언제부터 내려왔는지 모르겠지만 '효율성'을 따지는 젊은 세대에게는 불편하게만 느껴진다. 임팩트 있게 딱 할 말만 하면 되는데 군이 정해진 틀에 맞춰서 딱딱하게 보고서를 써야 하는 이유는 뭘까?

유행의 흐름만 봐도 어떤 내용을 전달하는 형식과 형태는 끊임없이 변화해왔다. 예를 들어 '떡볶이 만드는 법'이 궁금하다면 과거에는 요리책을 사야 했다. 옆에서 엄마에게 배우는 것이 가장 효율적이지만 배울 사람이 없으면 직접 서점에 가서 요리책을 구매하고, 그림과 글이 알려주는 대로 떡볶이를 만들어 먹을 수 있었다. 요리책에는 떡볶이 만드는 법이 정말 상세하게 나와 있다. 문장 형식으로 되어 있기에 그 문장을 다 읽어야 핵심을 뽑아 이해할 수 있다. 그런데 인터넷이 보급된 이후부터는 손쉽게 필요한 정보만 찾아볼 수 있게 되었다. 네이버, 다음과 같은 포털사이트에 '떡볶이 만드는 법'을 검색하면 요리책을 사지 않아도 관련 레시피를 확인할 수 있다. 이제는 유튜브라는 플랫폼이 유행하면서 영상과 음성으로 더 정확하고 재밌게 배울 수 있게 되었다. 포털

사이트, 유튜브, 각종 SNS가 '핵심'만 정리해서 전달하니 젊은 세대는 필요한 정보만 취합해 효율적으로 맛있는 떡볶이를 만들어 먹을 수 있다.

하지만 공직 사회에서 쓰는 공문서는 효율성이 떨어진다. '형식에 치중할 시간에 다른 업무를 하면 업무 효율도 올라가고, 야근 시간도 줄어들 텐데.' 이처럼 젊은 세대는 형식에 몰두하는 기존의 관행을 이해할 수 없다.

네모난 사과이론과 장그래의 폴더 정리
#매뉴얼이매뉴얼이라고 #불리는이유

도대체 왜 이렇게 형식에 치중하는 것일까? 만약 제목은 17pt, 내용은 13pt로 해야만 하는 규정이 있다고 가정해보자. 왜 제목은 40pt, 내용은 30pt로 적으면 안 되는 걸까? 중요한 내용이라면 글씨 크기를 키워 A4용지 1장에 글자를 하나씩 넣어도 되지 않을까? 극단적인 예시이기는 하다.

젊은 세대에게 불필요해 보이는 형식, 그러니까 매뉴얼이 정해져 있는 이유는 몇십만 명 단위의 공무원 조직에 혼선을 초래하지 않기 위해서다. 썩은 사과 한 알이 바구니에 섞이면 전체 사과가 썩는다는 이른바 '썩은 사과 이론'을 떠올려보자. 썩은 사과만 섞이는 게 아니다. 때때로 둥근 사과 속에 네모난 사과가 있을 수도 있다(상식을 뛰어넘는 방식으로 업무를 한다고 꼭 썩은 사과라고 할 수는 없으니 네모난 사과라고 해두자). 그러한 사과를 효율적으로 걸러내기 위해 이런 규정을 정해놓은 것이 아닐까? 네모난 사과를 걸러내는 이유는 공무원 조직이 하나로 통일된 양식을 쓰지 않으면 되레 혼선이 생길 수 있기 때문이다.

드라마 〈미생〉에서 신입사원 장그래는 밤새 컴퓨터 폴더를 정리한다.

"장그래 씨, 왜 과장님이 준 폴더트리 다 무시했어?"
"무시한 게 아니고, 그대로 넣자니 넣기 애매한 파일들이 많았어요."
"장그래 씨, 그거 회사 매뉴얼이야. 무슨 뜻인 줄 알아? 모두가 이해했고 약속했단 뜻이지? 근데 당신이 저렇게 다 고쳐놓으면 문제 생기면 당신한테 문의해야 하나? 회사일 혼자 하는 거 아니야?"

예쁨받기 위해 노력했지만 결과적으로는 근성과 끈기로 열심히 삽질한 꼴이었다. 혼자 바둑만 뒀던 신입사원 장그래는 이 일을 계기로 왜 조직에 룰이 필요한지 깨닫게 된다. 우리도 마찬가지다. 우리도 합격하기 전까지는 홀로 공부만 했다. 노트 정리, 필기, 동형모의고사 풀이 등 각자 자기가 편한 방식대로 공부했다. 내가 적은 내용은 나만 알아볼 수 있으면 문제가 없었고, 내가 모아둔 프린트물 역시 나만 어디 있는지 알면 문제가 없었다. 그런데 회사는 다르다. 내가 회사 사장이 아니라면 이곳에 있는 매뉴얼을 따라야 한다. 나 역시 처음에는 왜 이런 형식에 얽매여야 하는지 이해가 되지 않았다. 하지만 매뉴얼의 필요성을 빨리 깨닫지 못하면 조직 생활은 더욱 힘들어질 뿐이다. 생각을 조금만 바꾸면 일을 하기에도 적응을 하기에도 편하다. 그냥 '몇십만 개의 사과 중에 네모난 사과가 있을 수 있어서 그렇다.' 이렇게 생각하면 이해가 쉽지 않을까.

'형식적인 보고서를 왜 써? 왜 이렇게 쓸데없이 시간을 낭비하는 거야!' '핵심 내용만 전달하면 되는 거 아닌가?' '조선시대도 아니고 이게 뭐람?' 형식적인 공문서와 보고서를 쓰는 내내 이런 의문과 답답함을 가진다면 일이 정말 힘들 것이다. 그냥 조직이니까 나를 맞춰야겠다는 생각보다는 나름대로 이유를 만들어서 이해하는 편이 도움이 될 듯하다.

'그래, 옛날 옛적에 본인 마음에 안 든다고 A4용지 1장에 한 글자씩 뽑는 네모난 사과가 있었겠지.'

고기를 먹으며
배려를 배웠다

점심을 먹다 배운 배려심
#메뉴는소불고기 #안구워도되는데

점심식사는 대부분 팀끼리 먹는다. 주로 1인 1메뉴인 식당에 가기 때문에 타인이 무엇을 먹는지 신경 쓸 일이 없다. 하지만 회식은 다르다. 회식 메뉴는 고기가 일반적이어서 막내라면 고기를 잘 굽는 것도 중요하다. 그런데 어느 날 우연한 기회로 다른 팀과 점심을 먹게 되었다. 메뉴는 소불고기였다.

당시 자취를 하던 터라 아침은 구내식당, 점심은 일반 음식점,

저녁은 귀찮다는 이유로 건너뛰는 게 일상이었다. 그래서 고기를 먹는다는 소식에 그저 들떠 있었다. 오로지 먹을 생각만 가득했다. 어디든 막내는 도착하자마자 수저를 배치하고 물을 따른다. 그다음에는 편안한 마음으로 음식을 기다리며 물 한 잔을 들이켠다. 기다리고 기다리던 소불고기가 나왔다. 돌솥에서 흑미밥을 모두 퍼낸 후 뜨끈한 물을 부어 누룽지를 만든다. 뜨끈한 밥과 함께 소불고기라니. 군침을 흘리며 손 놓고 고기가 익기만을 기다렸다. 하지만 내 앞자리에 앉아 있던 선배는 달랐다. 나랑 기껏해야 2년 정도 차이 나던 선배는 열심히 고기를 구웠다. 열심히 구웠지만 열심히 굽는 티가 안 날 정도로 익숙해 보였다. 그리고 그제야 나는 막내의 도리를 깨닫고 고기를 구우려 했지만 이미 집게는 선배의 손에 있었다. 깔끔하게 포기하고 선배가 굽는 과정을 지켜보기 시작했다. 과장님의 말씀은 BGM일 뿐, 내 시선은 선배의 손에 꽂혀 있었다.

소불고기는 삼겹살처럼 수시로 뒤집지 않아도 되어서 굽는 데 큰 실력을 요하지 않는다. 하지만 선배는 수시로 고기를 관찰했다. 어느 정도 고기가 익고 이제는 맛을 볼 수 있었던 무렵, 선배는 각자의 접시에 고기를 듬뿍 놔주기 시작했다. 저기 듬뿍, 여기 듬뿍 주고 나니 남은 것은 콩나물, 양파, 고기 조금. 선배는 그것을 자기 접시에 놓고 먹기 시작했다. 과연 이 선배는 배가 고프지 않아서 조금만 먹었던 걸까? 열심히 고기를 구웠기에 먹을 생각이 사라진 걸까?

선배가 보여준 것은 '배려'하는 자세였다. 타인에 대한 배려. 예시를 소불고기로 들었지만 이 선배는 삼겹살을 구워도 똑같이 구웠을 것이고, 다른 일을 해도 똑같이 타인을 배려했을 것이다. 선배는 밥을 먹으면서도 수시로 고기가 타지 않게 예의주시했다. 다른 사람들이 좀 더 편하게 먹을 수 있도록. 꼭 후배라서가 아니다. 선후배 상관없이 배려하는 자세를 보인 것이다. 물론 나 혼자만의 해석일 수도 있다. 선배 입장에서는 '아닌데? 나는 그냥 고기를 구웠을 뿐인데?'라며 당황스러워 할지 모른다. 그렇다면 그만큼 몸에 배어 있는 행동이란 뜻이 아닐까.

우리는 노량진에서, 도서관에서, 독서실에서 수험 생활을 했다. 홀로 공부했지만 다른 사람과 함께 쓰는 공간에서 공부했다. 집이 아닌 이상 함께 공부하는 공간에서도 배려는 필요하다. 볼펜 딸깍거리는 소리, 타자 치는 소리 등 소음에 주의해야 한다. 노량진 독서실 중에는 심지어 겉옷 벗는 소리까지 조심하라는 규정이 있는 곳도 있다. 추운 겨울날, 롱패딩의 지퍼를 내릴 때는 독서실 밖에서 내리고 들어가야 한다. 무심코 4색 볼펜을 사용한 날에는 책상에 주의해달라는 포스트잇이 산더미처럼 쌓일 수 있다. 누군가는 예민하다고 할 수 있지만, 기본적인 배려가 없는 사람 때문에 관습처럼 생긴 룰이 아닐까.

수험기간 동안 혼자 공부했다면 혼밥, 혼공의 익숙함에서 빠져 나와야 한다. 하다못해 팀원과 치킨을 먹을 때도 마찬가지다. 다 함께 치킨을 먹을 때는 닭다리를 먼저 양보하고, 다른 사람이 먹는 속도에 맞춰 먹어야 한다. 어느 날 한 선배님은 이렇게 말씀하셨다. "먹는 걸로 치사하게 이러면 안 되지만, 치킨 개수가 줄어갈 때 하나라도 더 먹겠다고 빨리 먹는 사람을 보면 그렇게 미울 수가 없더라."

익숙하지 않다면 물 한 잔부터
#보고서를쓸때도 #민원인을마주할때도

항상 배려라는 것을 꼭 해야 하는 것은 아니다. 내가 불편하고 그렇게 하는 것이 피곤하다면 굳이 희생하면서까지 남을 배려할 필요는 없다. 물론 그렇다고 피해를 주어서도 안 된다. 하지만 경찰은 '상대방' 입장을 고려해야 할 일이 많다. 지구대, 파출소에서 근무할 때는 민원인의 입장을 헤아려가며 언어 선택에 신중을 기해야 하고, 내근직으로 일 할 때는 상급자가 보기 편하게 보고서를 써야 한다. 상급자가 보고서를 보고 궁금한 내용이 생기지 않도록 부가적인 내용까지 잘 채워 넣어야 한다.

하지만 이제 막 신임 순경이 되었고, 이제 막 경찰관 생활을 시작한 우리는 경험이 거의 없다. 그렇다고 경험이 없는 것을 핑계 삼아 자신의 행동에 합리성을 부여할 수도 없는 노릇이다. 남을 배려하는 것이 익숙하지 않다면 간단하게 '물 한 잔'부터 시작해 보자. 지구대, 파출소를 방문한 민원인을 그냥 멀뚱히 응대하기보다는 여름에는 시원한 물 한 잔, 겨울에는 따뜻한 물 한 잔을 내어 드리는 것이다.

앞에서 말한 선배는 그저 자연스럽게 고기를 구웠을 수도 있고, 고기 굽는 일이 몸에 밴 경우일 수도 있다. 하지만 소불고기를 먹는 그 시간에 나는 배려에 대해 생각해볼 수 있었다. 내 배를 채우기 위해 내 접시에만 고기를 듬뿍 담기보다는 배려의 맛을 먼저 즐길 수 있는 사람이 되면 어떨까? 이렇게 시야를 넓히면 점심 시간에도 하나라도 더 배워 성장하는 행복감을 느낄 수 있다.

참고로 상대방의 호의를 당연하게 여겨서도 안 된다. '호의를 베풀면 호구가 된다.'라는 말이 왜 나왔을까? 그만큼 상대방의 호의를 별것 아닌 것으로 여기고 당연하게 생각하는 경우가 많다는 뜻이 아닐까? 심지어 어제는 호의를 베풀었는데 오늘은 호의를 베풀지 않았다며 뒤에서 험담하는 경우도 있다. 또 호의를 계속 베푸는 사람을 만만하게 생각하고 우습게 보는 경우도 있다.

최소한 우리는 누군가의 호의를 받으면 당연하게 여기지 말아야 한다. 나 또한 이 글을 쓰면서 '내가 그동안 받았던 호의를 호의로 인식하지 못한 채 당연하게 여겼던 것은 아닐까?' 하며 놓쳤던 부분을 되짚어본다. 남에게 배려하는 것 못지않게 배려를 받은 내가 어떻게 행동할 것인지도 중요하다. 그런 배려를 그냥 당연하게 지나치지 않는 것도 진정한 배려가 아닐까.

정말 이 일을
도저히 못 하겠다면

공무원 합격 1년 만에 사표를 던지는 이유

#난여기랑안맞는것같아 #퇴사할래

공무원연금공단의 자료에 따르면 공무원으로 재직한 지 5년도 되지 않아 퇴직금을 수령하는 사례가 최근 5년간 2만 8,934명으로 집계되었다고 한다. 이는 전체 퇴직자의 14.9%를 차지한다. 특히 2019년은 전년도와 비교했을 때 1년 사이 퇴직자가 994명이나 늘어 총 6,664명에 달했고, 이 중 재직 기간 1년 미만의 공무원은 1,769명으로 26.5%에 달했다.

이처럼 자발적 퇴직을 선택하는 공무원이 늘고 있는 이유는 무엇일까? 통계에 따르면 승진, 전직, 전보 등 인사에 관한 문제가 81건으로 가장 많았고, 봉급, 수당 등 보수에 관한 사항과 갑질, 부당 업무 지시 등의 부적절한 행위가 각각 10건으로 뒤를 이었다. 가장 큰 이유는 승진, 전직, 전보에 관한 문제였다. 이처럼 2030세대는 하는 일이 본인의 성향이나 적성과 맞지 않으면 주저 없이 다른 회사를 찾아 나선다. 업무에 목숨을 걸기보다는 자신의 행복에 더 중점을 두기 때문이다. 조직을 우선시하고 헌신했던 과거 세대와는 확실히 다르다.

그렇다면 이 글을 읽고 있는 여러분은 과연 자신의 재능을 경찰공무원 조직 내에서 100% 발휘할 수 있을까? 경찰공무원은 성향이나 재능에 따라 경험해볼 수 있는 분야가 다양하다. 경찰공무원은 크게는 내근직과 외근직으로 구분되며, 작게는 경무, 생활안전, 여성청소년, 수사, 형사, 교통, 경비, 정보, 보안, 청문감사, 112종합상황실 등으로 나눠진다. 본인의 성향에 따라 원하는 부서를 선택할 수도 있고, 인사이동 주기가 짧다는 장점을 활용해 여러 부서를 경험해볼 수도 있다. 따라서 현재 하고 있는 일이 자신과 맞지 않다고 해서 '경찰'이라는 일과 안 맞다고 단정 지을 필요는 없다.

그럴 거면 경찰 왜 했어?

#경찰하면떠오르는이미지는 #하나?

나는 같이 일하는 것보다는 혼자 일할 때 업무 효율이 올라가는 편이다. 그렇다고 해서 사회성이 부족하거나 다른 사람과 어울리지 못하는 성격은 아니다. 이러한 내 성격적 특성을 중앙경찰학교 시절 동기와 이야기했던 기억이 있다. 그러자 동기는 이렇게 말했다.

"그럴 거면 경찰 왜 했어?"

어느 날은 교육장이 무언가를 공지해야 하는 상황이었다. 인원이 많으니 마이크를 잡고 이야기할 수밖에 없었는데, 공지가 길어지자 한 동기가 이렇게 불평했다.

"마이크 잡는 게 좋으면 경찰을 왜 한 거야?"

점심식사를 앞두고 공지가 길어져서 조급한 마음에 저런 말을 했을 수도 있다. 하지만 마이크를 잡는 게 좋다고 경찰을 못 하는 것은 아니다. 경찰로서 현장에서 겪었던 일을 교육생에게 생생하게 전달해주는 중앙경찰학교 교수요원이 될 수도 있고, 자신의 직무에서 오랫동안 쌓은 경험을 갈고닦아 경찰청 내의 사내 강사가 될 수도 있다. 하다못해 신임이더라도 강연 기회를 얻어 마이크를 잡을 수도 있다. 이처럼 경찰이 되려는 수험생 중에는, 심지어 합격 이후 경찰이 되어서도 경찰이 하는 다양한 일에 대해 잘 모르는 경우가 많다. 처음엔 나도 잘 몰랐지만.

경찰이 갖춰야 할 역량이 따로 있을까?

#관찰력 #팀워크 #체력 #강인함

'경찰이 갖춰야 할 역량'을 생각해보면 다른 사람이 발견하지 못한 것을 발견해 사건을 풀어내는 뛰어난 관찰력, 동료와 함께 일하는 팀워크, 최소 한 사람의 생명 정도는 지킬 수 있는 강인한 체력, 무서울 것 하나 없는 용기 정도가 떠오를 것이다. 하지만 대한민국엔 10만 명이 넘는 경찰관이 있다. 이 모든 경찰관이 비슷한 능력을 갖고 있을까? 모든 경찰관이 범죄 사건을 능수능란하게 해결해야만 할까? 물론 경찰관으로서 기본적인 역량은 갖춰야 한다. 어느 정도 사물에 대한 호기심도 있어야 하고, 관찰력도 필요하며, 내 몸 하나 건사할 수 있는 체력도 가지고 있어야 한다. 하지만 모든 경찰관이 똑같은 임무를 수행하는 것은 아니다. 생각보다 경찰이 하는 일은 다양하다.

재능에 따라 원하는 부서를 선택할 수 있다
#이부서가안맞으면 #저부서로갑시다

재능에 따라 원하는 부서를 선택할 수 있다. 간단히 예를 들어 보겠다. 본인이 정말 관찰력이 뛰어나고, 사물에 대한 호기심도 많으며, 강인한 체력까지 뒷받침된다면 어떤 부서가 어울릴까? 지역경찰 업무를 지속적으로 할 수도 있고, 형사나 강력계 쪽을 고려할 수도 있다. 만약 나처럼 혼자 일하는 것을 즐긴다면 경제범죄수사팀으로 가는 방법도 있다. 수사부서에는 형사, 강력만 있는 것이 아니다. 경제팀처럼 본인에게 주어진 사건을 본인의 힘으로 해결하면 어느 누구도 간섭하지 않는 부서도 존재한다.

외국어를 잘하고, 사람 만나는 것을 즐기는 사람도 있을 것이다. 그럼 외사 쪽으로 가면 된다. 경찰은 많은 사람을 대하는 업무이기 때문에 외국어를 잘한다면 또 다른 기회가 많아진다. 나 역시 근무 중에 만난 외국인 노동자와 의사소통에 어려움이 있었던 기억이 있다. 글쓰기를 좋아하거나, 영상 편집을 잘하거나, 사진을 잘 찍는 등 콘텐츠를 만드는 데 관심이 있다면 홍보부서에 가면 된다. 실제로 '뽈작가의 뽈스토리' 등 콘텐츠를 만드는 데 재능 있는 몇몇 선배님들은 온라인상에서 활발히 활동하며 국민과 친절하게 소통하고 있다. 이 외에도 글을 잘 쓰는 경찰관은 책을 통해 자신의 생각을 알리기도 한다.

이야기하는 것을 즐기고, 누군가를 바른 길로 이끄는 데 관심이 있다면 경력을 쌓아서 중앙경찰학교 교수요원에 지원해도 된다. 무언가를 연구하는 학구적인 스타일이라면 경찰대학, 중앙경찰학교, 경찰인재개발원 등 교수직에 지원하는 방법도 있다. 물론 연구만 전문으로 하는 부서도 따로 있다. 이 밖에도 재능에 따라 역량을 펼칠 수 있는 부서는 다양하다. 부서에 자신을 맞추는 것이 아니라, 하고 싶은 일이나 잘하는 것이 분명하다면 그에 맞는 부서를 찾아가면 된다.

나 역시 중앙경찰학교에 입교하면서부터 단체 생활이 맞지 않아 '경찰'이라는 직업에 대해 고민이 많았고, 현장에 와서도 그 고민은 계속되었다. 하지만 중앙경찰학교 교수님과 현장의 선배님에게 부서와 관련된 주옥같은 이야기를 많이 들을 수 있었다. 직무는 다양하고 우리가 경험해볼 수 있는 부서는 많다. 정말 이 업무를 도저히 못 하겠다면 진지하게 고민해보고, 스스로 행복해질 수 있는 부서를 선택하는 것이 어떨까.

당신의 색깔을
잃지 마세요

너는 무슨 색깔이라고 생각하니

#꽃이아니라 #노란색이요

　점심을 먹고 나른한 오후. 사무실에 앉아 배가 불룩불룩 나오는 것을 느끼며 일하는 중이었다. 다른 팀 팀장님이 나에게 다가와 질문을 던지셨다. "너는 '개나리' 하면 뭐가 떠오르니?" 개나리가 꽃이라는 것 외에는 딱히 떠오르는 게 없어 "꽃이요."라고 대답했다. "다른 건 뭐 떠오르는 게 없니?" 팀장님께선 다른 대답을 원하시는데 도저히 꽃 외에는 떠오르는 것이 없었다.

"노란색, 초록색 이런 거 있잖아! 너는 스스로 노란색이라고 생각하니, 초록색이라고 생각하니?" 그제야 나는 질문의 의도를 깨달았다. 나는 핸드폰 케이스도, 에어팟 케이스도, 심지어 필통도 노란색이었다. 개인적으로 베이지색 톤이 섞인 노란색을 좋아한다. "개나리 하면 노란색이 떠오르죠!" "그렇지? 너도 그렇게 생각하지? 나는 예전에 초록색이 좋았는데 요즘엔 그레이가 좋아." "아, 흐릿흐릿한 색깔 좋아하시는구나!"

단순히 색깔에 관한 대화였지만 팀장님께서는 나이가 들어가면서 자신의 색깔과 성향이 달라짐을 넌지시 이야기하고 싶으셨던 건 아닐까? 나 또한 지금은 쨍한 노란색이 좋지만 나이가 들어감에 따라 좋아하는 색이 달라지지 않을까? 나는 어떤 색깔을 띠고 있는 사람일까?

나의 색깔에 대해 고민해본 적이 있는가
#곱게짜여진나의색깔 #헹구지마세요

우리는 저마다 다른 색깔을 가지고 있다. 그 고유의 색깔을 잃지 말아야 한다. 경찰관으로 일하다 보면 언젠가는 회의감, 실망감이 찾아올 수도 있다. '내가 벌써 이런 생각을 해도 되나?' 싶을 만큼 경험도 짧은 '시보순경'이지만 말이다. 예를 들어 하나의 사건을 처리하는데 A라는 선배가 사건의 처리와 보고서에 대해 a라고 말하면, B라는 선배는 사건의 처리와 보고서에 대해 b라고 말한다. a와 b를 어떻게든 잘 조화해서 마무리하면 이번에는 C라는 팀장님의 최종 결재가 기다리고 있다. 당연히 C팀장님의 의견은 a, b가 아닌 c다. 이처럼 각자 다른 의견 중 도대체 어떤 의견이 맞는 것인지, 기본 뼈대는 법률에서 정확히 확인하고 A, B, C의 의견을 적절히 조화시켜 일해야 한다. 그럼에도 최종 결재권자는 팀장님이니 C의 색깔을 좀 더 뚜렷하게 섞어주는 것이 좋다.

또 우리는 민원인을 자주 접하게 된다. 대화가 무난하게 흘러가는 민원인이라면 상관없지만 술에 취한 주취자라면? 아니면 의도적으로 장난전화를 해서 욕을 실컷 한 바가지 쏟고 끊어버린다면? 상식이 통하지 않는 이에게는 나도 똑같이 대응하고 싶지만 행동 하나하나가 조심스러운 직업이기에 다시 한번 꾹 참아본다. 이런 사람들 때문에 팔레트에 곱게 짜여 있던 나의 색깔을 포기하고 여러 색깔과 섞일 수는 없지 않은가.

수험 생활 동안 포기했던 나의 색깔을 드디어 다시 찾았는데, 조직에 들어오니 자꾸만 색깔을 잃어버리는 기분이 든다. 만약 당신이 빨간색이라면 파란색을 가진 사람에 의해 보라색이 되지 않기를 바랄 뿐이다. 고유의 빨간색을 지닌 자신을 잃지 않기를 바란다. 나의 색깔이 타인에 의해 흐려지거나 물들게 하지 말자. 이 글을 읽는 지금 이 순간, 책을 잠시 덮어놓고 생각해보자. 나는 무슨 색깔을 지니고 있는지. 나를 어디에 비유할 수 있을지. 그러한 본연의 나 자신을 지키기 위해서는 어떻게 해야 할까?

나는 원래 그런 사람인데
#사회생활이다그렇다고? #그럼내생활은?

굉장히 감성적인 A라는 선배님이 있다. 평소에는 감성적인 드라마를 보며 눈물 흘리기도 하고, 드라마 이야기를 하며 나중에 꼭 촬영 장소에 가보고 싶다고 하는 선배님이다. 원래는 이렇게 감성적이고 느슨한 것을 좋아하는 자신이지만 항상 출근해서 일하다 보면 소리치는 일이 많아진다. 경찰이라는 직업을 가지고 수사팀에 있다 보니 성을 내는 일이 많아졌기 때문이다. 수사팀에 있으면 마냥 좋은 소리로만 이야기를 주고받을 수 없는 노릇이다.

이뿐만이 아니다. B라는 사람은 원래 잘 웃는 사람이 아니었다. 남의 이야기를 들어주기보다는 자신의 이야기를 하는 것을 좋아하는 사람이었다. 그런데 직장에서 누군가의 이야기를 계속 들어야만 했다. 관심도 없는 이야기에, 그저 자신의 상황만 지루하게 늘어놓는 상대에게 맞장구를 쳐주고 들어주다 보니 집에 오면 에너지가 쫙 빠져나간다. 사회생활을 하다 보면 이렇게 팀의 분위기를 위해 자신의 감정과 시간을 타인에게 맞춰야 하는 순간이 온다.

직장에 나오면 그 상황에 맞추기 위해, 일을 해결하기 위해 본모습에서 벗어난 언행을 해야 하는 경우가 있다. 이런 이질감에 너무 동요될 필요는 없다. 회사에서의 나도 나고, 집안에서의 나도 나다. 원래의 나도 나고, 어떠한 상황에 맞춰 다르게 행동하는 나도 나다. 그냥 '나'의 또 다른 모습을 발견했다고 생각하면 된다.

만일 정말 불편한 상황이라면 분위기가 무거워지지 않는 선에서 상대방에게 표현하자. 이러이러한 점이 힘들고 불편하다고. 물론 일적인 면에서 그런 상황이 발생하면 어느 정도는 감수하고 넘어가야 할지도 모른다. 하지만 업무가 아닌 일에 에너지를 빼앗기고, 나의 색깔을 잃게 만드는 상황이라면 어느 정도는 거절 의사를 표현해야 한다. '사회생활이 다 그런 거지, 뭐.' 하고 그냥 넘어간다면 스트레스가 계속 쌓일 것이고, 언젠가는 참지 못할 만큼 흘러넘치게 된다. 실제로 내 주변에도 직장 내 스트레스로 병원을 다닌 친구가 있다. 다행히 상황이 심각하지는 않아 단기간의 상담과 휴식으로 마음을 회복할 수 있었다.

어찌되었든 우리는 모두 잘 먹고, 행복하게 잘 살기 위해 하나의 직업을 선택한 것이다. 무엇보다 중요한 것은 '나'라는 점을 잊지 말자.

아무리 요즘 젊은 세대가 할 말, 안 할 말 다 하며 산다고 하지만 오롯이 '나'의 모습으로 직장 생활을 할 수는 없다. 그렇기에 우리는 더더욱 자기만의 시간이 필요하다. 오로지 '나'에게 집중할 수 있는 시간. 일어나서 씻고 밥 먹을 새도 없이 문밖을 나서기보다는, 조금쯤 여유 있게 내 이름 석 자로 보내는 시간을 만들어보면 어떨까. 출근 전 아침 시간을 스스로를 인정해주고 사랑해주는 시간으로 만드는 것이다.

6장

'순경'이 아닌
'나'를 위한 시간

나만의 시간이
필요한 이유

나를 위해 필요한 나만의 시간

#국가를위해 #기업을위해 #아니나를위해

자기계발 관련 유튜브, 책을 보면 꼭 등장하는 말이 있다. '자기만의 시간'을 가지라는 것. 왜 우리는 자기만의 시간을 가져야 할까? 집에 정말 돈이 많아서 딱히 일을 안 해도 먹고살 수 있는 환경이 아니라면 우리는 모두 직장에 다녀야 한다. 공기업, 사기업을 불문하고 대개 '나'의 일을 하기보다는 '국가'나 '기업'을 위한 일을 한다. 물론 국가, 기업을 위해 일하더라도 그러한 경험이 쌓이고 쌓여 나중에 나의 중요한 무기가 될 수도 있다. 하지만 어찌되었든 지금 당장은 직장 속에서 직급을 달고 일해야 한다. 회사 내에서도 나의 이름보다는 직급으로 불리는 게 익숙하고, 그 직급에 얽매여 살게 된다.

민원인, 주취자가 성을 내거나 욕을 한다고 해서 같이 욕을 할 수는 없다. 어느 정도 대응은 할 수 있겠지만 화를 꾹 참고 넘어가야 한다. 왜? 제복을 입고 있거나 목에 공무원증을 걸고 있기 때문이다. 과장님, 팀장님, 선배님이 나에게 한소리를 할 때도 그렇다. 내가 잘못을 했든 안 했든 진심으로 맞대응을 한 기억이 있는가? 엄마, 아빠가 우리에게 잔소리할 때와는 상황이 다르다. 아마도 대부분은 직장이기 때문에 억울하더라도 참고 넘어갈 것이다. 결국 우리는 원하는 대로, 하고 싶은 대로 직장 생활을 할 수 없다. 아무리 요즘 젊은 세대가 할 말, 안 할 말 다 하며 산다고 하지만 오롯이 '나'의 모습으로 직장 생활을 할 수는 없다.

그렇기에 우리는 더더욱 자기만의 시간이 필요하다. 오로지 '나'에게 집중할 수 있는 시간. 일어나서 씻고 밥 먹을 새도 없이 문밖을 나서기보다는, 조금쯤 여유 있게 내 이름 석 자로 보내는 시간을 만들어보면 어떨까. 출근 전 아침 시간을 스스로를 인정해주고 사랑해주는 시간으로 만드는 것이다.

퇴근 후에는 변수가 많다
#오늘회식입니다 #오늘밥먹을래?

그렇다면 여기서 드는 의문. 꼭 출근 전에 시간을 내야만 할까? 퇴근 후에도 충분히 시간이 있지 않을까? 물론 퇴근 후에도 시간은 충분하다. 하지만 퇴근 후에는 예상치 못한 변수가 많이 생긴다. 직장에서 회식이 있을 수도 있고, 친구와 갑자기 약속이 잡힐 수도 있다. 또 너무 피곤해서 집에 오면 바로 쓰러져 잠드는 날도 있다.

친구와의 약속이나 회식이 새벽에 잡히는 경우는 거의 없기 때문에 출근 전 시간을 활용하라는 것이다. 출근 전 시간은 내가 일찍 일어나기만 하면 아무런 변수가 없기 때문에 시간을 충분히 확보할 수 있다.

야간근무 다음 날은 어쩔 수 없지만 주간근무, 휴무만 잘 활용해도 여유 시간은 충분히 만들 수 있다. 남들 다 자는 시간에 일찍 일어나는 것만으로도 작은 성취감을 맛볼 수 있을 것이다. 공무원 합격이라는 큰 목표를 이룬 탓에 마음에 텅 빈 공간이 생긴 것 같다면, 이렇게 하루의 시작을 소소한 성취감과 함께 시작해보면 어떨까?

새벽 어스름이 가져다주는 선물

#나의점심시간은 #오전9시다

새벽에 일어나면 남들보다 2~3시간을 더 많이 살 수 있다. 일반적으로 점심 시간은 12시지만 아침형 인간에게는 아침 9시가 점심 시간이다. 새벽에 일어나서 해야 할 일은 딱히 정해져 있지 않다. 경찰 업무에 좀 더 욕심이 있다면 매뉴얼을 숙지할 수도 있고, 승진 욕심이 있다면 공부를 해도 된다. 개인적으로 새벽 시간이 낮 시간에 비해 10배 이상 효율이 좋았다. 꼭 업무를 위한 공부가 아니어도 좋다. 업무에서 벗어나 나를 드러낼 수 있는 취미 활동을 하는 것도 좋은 방법이다. 외국어 공부를 할 수도, 책을 읽을 수도, 글을 쓸 수도, 그림을 그릴 수도, 운동을 할 수도 있다. 소음으로 이웃집에 방해만 되지 않으면 된다.

새벽의 고요함이 가져다주는 선물은 생각보다 많다. 나는 새벽 시간을 이용해 책을 읽고, 글을 쓰고, 운동을 한다. 내가 경찰공무원에 합격한 것도, 브런치 작가에 합격한 것도 모두 새벽 시간에 공부를 하고 글을 쓴 덕분이라고 생각한다. 수험생 시절, 아르바이트 때문에 공부 시간이 부족해 새벽에 일어나 공부를 했고, 중앙경찰학교에서도 개인 시간을 확보하기 위해 새벽 시간을 이용했다. 그렇게 브런치 작가에 통과하고 책까지 쓰게 되었다. 남들보다 뛰어나거나 특별한 재능이 있는 것도 아니었기에 시간을 더 투자하는 수밖에 없었다. 그렇게 글을 쓰면서 내면이 더 단단해지고, 운동을 하면서 만년 부종이던 다리도 한결 가벼워졌다. 새벽 시간을 이용해 하루하루 내면의 성장을 이뤄낼 수 있었고, 공무원 합격 이후에도 새로운 목표를 세우고 정진할 수 있었다.

가장 큰 선물은 시간을 소중하게 생각하는 마인드를 얻었다는 것이다. 특별히 도움이 되지 않는 TV를 끊을 수 있었고, 함께 있으면 에너지가 빠지는 사람과의 불필요한 약속도 끊어낼 수 있었다. 꼭 나처럼 새벽 3시에 일어날 필요는 없다. 6시부터 5분씩, 10분씩 줄여나가면서 5시에만 일어나도 한 가지 목표 정도는 충분히 이루고 출근할 수 있다. 그러니 몇 번 시도해보고 '나는 아침형 인간이 아니야.' 하고 관두기보다는 꼭 새벽 시간의 힘을 느껴보면 좋겠다.

내 힘으로 할 수 있는 것
#경찰청장이아닌이상 #계속지시를받는다

경찰공무원 일을 하다 보면 보람은 정말 잠깐이다. 직업의 특성이니 감내해야 한다고 하지만, 정년퇴직까지 일을 해야 하는데 잠깐의 보람만으로 견딜 수 있을까? 누군가의 밑에서 일을 할 때는 절차가 있고, 규정이 있고, 행동이 제한된다. 아직 순경이니까 그런 것이 아니다. 우리는 정년퇴직 전까지 상급기관의 지시를 받으며 살아야 하고, 제한된 틀 속에서 행동해야 한다. 아니, 정년퇴직까지 일을 할 수 있을지, 없을지도 모른다. 정년은 보장되어 있지만 그것이 곧 내 미래까지 보장해준다고 자신할 수는 없다. 내 생각이 돌변해 자의로 그만둘 수도 있으니까. 예능 〈대화의 희열〉에서 모델 한혜진은 이렇게 말했다.

"제 의지로 바꿀 수 있는 게 몸밖에 없더라고요. 세상에 어떤 것도 제 마음대로 안 돼요. 일도 사랑도 제 마음대로 되는 건 하나도 없어요. 유일하게 몸은 내 스스로 통제할 수 있는 일이에요."

물론 한혜진이 말하고자 했던 바는 다이어트에 관한 부분이었다. 그러나 맥락은 비슷하다. 어렸을 때만 해도 어른이 되면 마음먹은 대로, 하고 싶은 대로 무엇이든 하며 살 수 있을 것만 같았다. 하지만 우리는 수많은 불합격을 겪으며, 사회생활을 시작하며 피부로 느끼게 된다. 내 마음대로 되는 것은 하나도 없음. 설령 내가 좋아서 시작한 일일지라도 장애물은 존재한다. 민원인도, 주취자도 내 마음대로 되지 않는다. 그래서 더더욱 내가 통제할 수 있

는 것을 하며, 내 힘으로 이룰 수 있는 것을 성취하며 하루를 시작
해야 한다.

100권의 독서는
어떻게 나를 바꿨나

　나는 뚜렷하게 좋아하는 취미도, 잘하는 것도 없었다. 그래서 무작정 책을 읽었다. 나만의 시간을 가지면서 책을 읽어야 하는 이유는 더 명확해졌다. 책을 통해 스스로를 반추할 수 있었고, 어떤 부분이 부족한지 명확히 파악할 수 있었기 때문이다.

　본격적으로 독서를 시작한 것은 2차 필기시험이 끝난 2019년 9월부터였다. 오랫동안 수험서만 보다 보니 세상을 바라보는 시야가 좁아져 있었다. 그래서 한 달에 10권씩 책을 읽기 시작했고, 2020년 6월까지 100권을 넘게 읽었다. 다른 다독가에 비하면 절대 많은 권수는 아니지만 한 달에 1~2권 읽던 과거에 비하면 비약적인 발전이었다. 그렇게 분야를 가리지 않고 다독을 하면서 몇 가지 깨달은 점이 있다. 내가 깨달은 무언가가 독서를 꼭 해야 하는 이유가 될 수는 없으므로 그냥 '독서량을 늘리니 이런 변화가 있구나.' 하는 정도로 참고만 하기 바란다.

책을 읽으면서 얻은 깨달음
#시간축적의힘 #나만의답 #마인드의변화

첫 번째, 독서를 통해 '시간 축적의 힘'을 배울 수 있었다. 시중에는 효율적인 독서법, 단시간에 다독할 수 있는 독서법과 관련된 책이 많다. 나도 초반에는 책 읽는 속도가 느렸다. 그래서 '특별한' 독서법에 관심을 기울였는데, 속독을 위해 따로 기술이 필요한 게 아니었다. 예를 들어 같은 분야의 책을 여러 권 읽다 보면 그 분야에 대한 지식이 축적되고, 그렇게 지식이 쌓이면 같은 분야의 새로운 책을 접했을 때 술술 빨리 넘어가게 된다. 만약 내가 '경제' 분야가 궁금해서 10권을 목표로 잡았다고 가정해보자. 10권에 도달하기까지는 용어도 낯설고 읽는 데도 오래 걸릴 것이다. 하지만 이후 독서량이 20권, 30권씩 늘어나다 보면 지식의 축적으로 독서 시간이 점차 단축된다. 이것이 바로 '시간 축적의 힘'이다.

시간 축적의 힘은 경찰 생활에도 도움이 된다. 만일 경찰 조직 내에서 가고 싶은 부서가 있다면, 그래서 그 부서에서 요구하는 능력을 키워야 한다면 어떻게 해야 할까? 관련된 책만 많이 읽어도 큰돈을 들이지 않고 필요한 능력을 키울 수 있다. 홍보부에 가고 싶다면 글쓰기 능력, 콘텐츠를 만드는 능력, 아이디어를 창출하고 활용하는 능력 등을 키워야 할 것이다. 만약 이러한 능력과 관련된 분야의 책을 10권 내외로 읽는다면 어떻게 될까? 전문가까지는 아니더라도 중급자 이상의 실력은 갖출 수 있지 않을까? 중앙경찰학교 교수님도 이렇게 말씀하셨다.

"동영상 편집을 탁월하게 잘할 필요도 없고, 글을 탁월하게 잘 쓸 필요도 없다. 하지만 조금씩 기본 정도만 알고 있으면 앞으로 경찰 생활을 하는 데 큰 도움이 될 것이다. 조직 내에서 필요한 인재가 되기 위해서는 한 가지 일만 잘해서는 안 된다."

두 번째, 책은 '나만의 답'을 찾을 수 있는 가장 좋은 수단이다. 보통 고민거리가 있으면 친구에게 조언을 구하거나, 유튜브에서 관련 영상을 찾거나, 포털사이트에 검색해 고민을 해결하곤 한다. 이처럼 대부분 해결책을 외부에서 찾는다. 그러나 모든 고민과 질문에 대한 답변은 나 자신에게 있다. 또한 후회를 남기지 않기 위해서라도 해결책을 나 자신에게서 찾아야 한다. 아마 자신과의 대화에 익숙하지 않은 사람이라면 해결책을 '나'에게서 찾으라는 말이 와닿지 않을 것이다. 방법은 간단하다. 늘 내면의 소리에 귀를 기울이는 것이다. 나 역시 처음에는 내면의 소리를 듣는 것이 익숙하지 않았다. 아무리 혼자 고요히 명상에 잠겨도 도무지 답이 나오지 않았다.

이럴 때는 본인의 고민과 관련된 책을 찾아 읽으면 된다. 물론 책도 남이 쓴 것이고, 남의 생각이다. 하지만 영상으로 남의 의견을 주입받는 것보다는 활자로 질문에 대한 답을 찾는 편이 훨씬 유용하다. 독서를 하면서 시시때때로 생각에 잠길 수 있기 때문이다. 경찰 생활이 고달플 때마다 독서를 통해 중심을 잡는다면, 좀 더 균형감 있게 경찰 생활을 이어나갈 수 있지 않을까.

세 번째, '성장마인드'를 심을 수 있다. 보통 사람은 30대가 넘어가면 생각이 잘 바뀌지 않는다. 아니, 20대 중후반만 되어도 남의 이야기를 잘 듣지 않는다. 성인이 되면 어느 정도 자신의 생각이 굳어지기 때문에 타인의 의견을 잘 듣지 않는 것이다. 하지만 책을 읽다 보면 자신의 생각에만 갇히는 것을 막아준다. 스스로 부족한 부분을 찾게 되고, 타인의 의견을 수용하는 데 열린 마음을 갖게 된다. 살아가면서 우리는 늘 겸손한 자세를 유지해야 한다. 배움의 자세가 중요한 이유는 아무리 많이 알고, 많이 배워도 부족한 부분이 계속 나오기 때문이다. 항상 배움의 자세를 유지해야 스스로 성장할 수 있다. 독서는 이러한 성장마인드를 키우는 데 큰 도움이 된다.

네 번째, 독서를 통해 '그러거나 말거나' 마인드를 키울 수 있다. 책은 나에게 자존감을 심어준다. 읽고 생각하고 쓰는 과정을 반복하다 보면 누가 뭐라 해도 쉽게 무너지지 않는 단단한 마인드, 즉 자존감이 생긴다. 일을 하다 보면 타인에 의해 자극받는 일이 많아지기 마련이다. 보이지 않는 기싸움이 있을 수도 있고, 누군가 나를 일방적으로 이상한 사람으로 만들어버릴 수도 있고, 나에 대한 이상한 소문이 퍼질 수도 있다. 이는 어느 조직이든 피해갈 수 없다. 하지만 독서를 통해 자존감이 단단해진 사람은 이러한 스트레스에 휘둘리지 않는다.

'몇 권'보다 중요한 것은 따로 있다
#생각보다는 #행동을해야한다

책은 적게 읽는 것보다는 당연히 많이 읽는 것이 좋다. 하지만 독서에 있어서 가장 중요한 것은 '실천'이다. 누군가는 이렇게 말한다. "독서는 할 때는 좋은데 읽고 나면 그뿐이야. 대체 독서를 왜

해?" 물론 독서를 하는 그 시간 자체를 취미로 즐길 수도 있다. 하지만 권수보다 중요한 것이 있다. 바로 실천이다. 실천 없는 독서는 향기 없는 꽃과 같다. 마지막 페이지에 다다르기 전까지는 내가 이 책의 저자처럼 성공할 것만 같고, 금방 부자가 될 것만 같다. 그러나 다 읽고 그냥 덮어버리면 안 읽은 것과 다를 게 없다. 만약 부자가 되고 싶어 부와 관련된 책을 읽었고, 책에서 저자가 가장 먼저 해야 할 일로 '소비의 최소화'를 꼽았다고 가정해보자. 책을 읽은 다음에는 책 내용대로 소비를 줄여야 한다. 책을 읽고 나서 곧바로 불필요한 사치품을 사면 안 읽은 것만 못하다. 책을 읽었다면 책에 나온 내용대로 실천해야 한다.

코로나19로 사람과 사람 사이의 접촉이 줄면서 '언택트'라는 단어가 낯설지 않게 되었고, 더불어 첨단기계의 발전도 빨라졌다. 각종 미디어, 책에서는 코로나19로 앞당겨진 제4차 산업혁명에 대비해야 하며 위기를 기회로 삼으라고 한다. 당장 무언가를 하지 않으면 뒤처진다고 말하면서 말이다. 물론 공무원이라서 직접적인 영향을 받을 가능성은 적지만 당장 내일 어떤 일이 일어날지 모른다. 그러니 공무원 합격에 안주하지 말고, 그 어떤 변화와 위기도 견뎌낼 수 있는 나만의 무기를 만들자. 독서로 내공을 쌓다 보면 분명 변화에 대응할 수 있는 힘이 생길 것이다.

'기록'을 하는
이유에 관하여

왜 글을 써야 할까? 넷플릭스, 유튜브, 페이스북, 인스타그램 등 세상에는 글을 쓰는 것보다 훨씬 재미있는 일이 많다. 핸드폰 하나만 있으면 출근 전, 퇴근 후에 편하게 침대에 누워 모든 것이 해결되는 세상이 아닌가. 굳이 글을 쓰기 위해 노트와 펜을 준비하거나 노트북을 펼칠 필요가 있을까? 글을 써야만 하는 이유를 딱 한 가지만 꼽자면 유의미한 무언가를 '생산'할 수 있기 때문이라고 생각한다. 우리는 각종 미디어를 소비하면서 타인이 생산한 콘텐츠를 그대로 받아들이며 여가 시간을 보낸다. 그렇게 무언가를 소비할 때 우리의 뇌는 생각을 멈춘다. '왜(why)'라는 의문을 가지지 않은 채로 남이 만든 콘텐츠를 있는 그대로 받아들인다. 하지만 글을 쓸 때 우리의 뇌는 바쁘게 움직이고 생각한다.

쓰는 일에 익숙하지 않은 우리
#독서감상문은 #지식인에서찾는거 #아니었어요?

초등학교 때부터 우리는 필기에 익숙했다. 학교에서 선생님의 말씀을 받아 적으며 공부해왔기 때문이다. 하지만 일기나 독서감상문 등을 쓰는 과제에는 거부감을 느끼곤 했다. 강제로 일기를 쓸 때면 늘 천편일률적으로 오늘의 날씨를 적고, 무엇을 먹었고, 학교에서 무엇을 배웠는지 쓰는 데 그쳤다. 어떠한 것을 느꼈는지에 대해 쓰기보다는 '사실관계'에만 집중한 것이다. 마찬가지로 독서감상문 숙제에도 어려움을 느꼈다. 독서감상문은 책을 읽고 느낀 감정과 생각이 주된 내용이어야 하는데, 주입식 교육에 익숙한 우리는 대개 책의 줄거리만 나열하곤 했다. 생산적인 글쓰기에 어려움을 느꼈다.

우리가 무의미하게 흘려보내는 하루하루를 특별한 기록으로 남길 수 있는 것이 바로 '글'이다. 만약 수험생이라면 자신의 수험 생활을 글로 남기면 된다. 똑같이 '수험 생활'이라는 과정을 거쳐도 사람에 따라 제각기 감정과 생각이 다른 법이다. 또한 수험 생활을 글로 남기면 면접도 무리 없이 준비할 수 있고, 이때 쓴 글이 나중에 합격수기가 될 수도 있다. 글을 통해 자신이 겪은 시행착오를 점검함으로써 수험생에게 도움이 되는 콘텐츠를 만들 수 있다. 업무에서의 기록도 마찬가지다.

업무에서도 기록은 중요하다
#업무매뉴얼 #돌아서면까먹는다

업무에 있어서도 기록은 중요하다. 수험생 때처럼 정해진 과목을 지속적으로 반복하는 것이 아니라 시시때때로 변화하는 상황에 맞춰 업무를 처리해야 하기 때문이다. 또한 이미 배운 것을 다시 묻지 않기 위해서라도 기록을 남겨야 한다. 가르쳐주는 사람 입장에서는 아무리 신임이어도 똑같은 질문을 반복하면 배움의 자세가 부족하다고 느낄 수 있다. 듣고 보는 것만으로는 기억에 깊이 남지 않는다. 직접 실습할 때도 너무 많은 것을 한꺼번에 하다 보면 이리저리 기억이 뒤섞일 수 있다. 그래서 나는 업무와 관련된 것은 꼭 기록을 남긴다. 문제가 생기면 그때그때 기록해둔 파일을 열어 언제든 필요한 정보를 찾을 수 있기 때문이다. '찾기

(Ctrl+F)' 기능만 잘 활용하면 된다. 이렇게 나만의 매뉴얼을 만들어두면 나중에 인수인계도 수월하게 할 수 있다.

일기부터 시작하자
#거창하게 #시작할필요없다

이처럼 무엇을 하든 틈틈이 기록하는 습관을 기르면 좋다. 오늘 배운 업무를 잊지 않고, 사건의 전후 과정을 까먹지 않기 위해서라도 기록을 남겨야 한다. 기록하지 않으면 의미가 없다. 그 당시에는 알고 넘어가는 것 같아도 다음 날이면 까먹을 수 있다. 흘러가는 일상을 붙잡을 수 있는 것도 사진과 영상이 아닌 글이다. 일기를 통해 자신의 생각을 글로 풀어내면 문장력이 길러지고, 사고의 확장에도 도움이 된다. 지나간 일기를 들춰 보면 그때의 감정, 분위기, 냄새까지 떠오르게 된다. 우리가 초등학교 시절 정문 앞에서 먹었던 달고나의 냄새를 기억하는 것처럼.

초등학교 때 썼던 일기에서 벗어나 진짜 나다운 일기를 써보자. 내 감정을 들여다보고, 오늘 주어진 상황에서 어떤 생각이 들었는지, 어떻게 생각이 변화했는지 써보는 것이다. 치유와 성장에 의미를 두고 글을 써본다. 다른 사람은 볼 수 없는 개인적인 글이니 평소 마음에 안 들었던 누군가에 대해 토로할 수도 있고, 남몰래 무언가를 다짐할 수도 있다.

그러니 글쓰기가 어렵다면 간단한 일기부터 시작하자. 작은 것부터 시작하면 앞으로 무엇을 어떻게 써야 할지 방향이 잡힐 것이다. 경험한 것을 기록으로 남겨 콘텐츠를 만든다면 내가 원하는 삶의 방향으로 나아가는 데 분명 도움이 될 것이다. 출근 전, 퇴근 후에 멍하니 핸드폰을 보며 시간을 보내고 있다면 글로써 생산자의 삶을 살아보는 것은 어떨까.

당신의 경험을 콘텐츠로 쌓아라
#브런치 #유튜브 #인스타그램 #블로그

요즘에는 SNS를 안 하는 사람을 찾아보기 힘들다. 유튜브, 인스타그램, 블로그 등 하나씩은 꼭 하고 있다. 그렇다면 SNS를 일상을 올리는 수단으로만 사용하지 말고 자신을 브랜딩하는 수단으로 활용해보면 어떨까? SNS 계정을 잘 키우면 부서를 옮길 때 그 어떤 인사내신서보다 더 큰 위력을 발휘할 것이다.

나 역시 경험을 SNS에 하나씩 기록하고 있다. 브런치, 인스타그램을 통해 수험생 시절의 경험, 중앙경찰학교 시절의 경험, 현장에서의 경험을 주제로 글을 쓰고 있다. 나는 나의 브랜딩 도구를 '글'로 정했고, 현재는 사소한 것 하나까지 소재로 삼아 콘텐츠로 만들고 있다. 각 플랫폼의 특성을 잘 활용하면 방법은 쉽다. 브런치에는 경험을 길게 풀어 쓰고, 인스타그램에서는 8장 내외의 카드뉴스를 만들어 연재한다.

자신이 경험한 것을 그냥 글로 쓰면 된다. 예를 들어 사이버수사팀에서 근무한다면 근무 중에 느낀 생각과 감정을 글로 풀어내면 된다. 일반인이 알아듣기 어려운 용어를 정리해 쉽게 풀어서 설명해줄 수도 있고, 사이버 범죄가 일어나는 이유를 글로 알릴 수도 있다. 일반인이 잘 모르는 분야, 궁금해하는 분야를 쉽고 재미있게 전달해주면 되는 것이다. 내가 겪은 사건의 내역을 조목조목 다 알리라는 것이 아니다. 왜 이런 범죄가 발생했는지, 범죄자에게 속지 않으려면 어떻게 해야 하는지 등 소재는 다양하다. 이런 콘텐츠를 꾸준히 발행하면 범죄 예방에도 도움이 될 것이고, 강력한 브랜딩 도구도 될 수 있지 않을까.

그냥 경찰공무원이 아닌
~한 경찰공무원

부서가 전부는 아니다

#3년 #5년 #10년 #베테랑

중앙경찰학교에서 여러 부서에 대한 이야기를 듣고 싶어 해당 과목의 교수님을 찾아뵌 적이 있다. 접해보기 전에 간접적으로 들어두면 조금은 낫지 않을까 싶어 여기저기 문을 두드렸다. 교수님들은 공통적으로 "한 부서가 어떻게 돌아가는지 알고 일에 적응하려면 최소 3년은 있어봐야 한다."라고 말씀하셨다. 그러나 보통 우리는 '이 부서, 저 부서 많이 경험해보고 맞는 부서를 찾으면 그때 최대한 오래 경험을 쌓아야지!' 하고 결심하곤 한다. 일을 하다 보면 당연히 잘 맞는 곳도 있고, 생각보다 잘 맞지 않는 곳도 있다.

처음부터 잘 맞는 부서를 찾는다면 큰 행운이지만, 그렇지 않으면 최소 3년에서 최대 10년까지 방황하게 될지도 모른다. 그렇다고 너무 걱정할 필요는 없다. 예를 들어 비교적 이른 시기에 자신에게 맞는 부서를 찾아 정착했다고 가정해보자. 그럼 이제 아무런 걱정 없이 일만 하면 되는 걸까?

수사를 10년 동안 한 사람, 경무를 10년 동안 한 사람, 홍보 업무를 10년 동안 한 사람, 지역경찰을 10년 동안 한 사람 등 해당 분야에서 탁월한 사람은 한 명쯤 꼭 있기 마련이다. 만약 경제범죄수사팀 업무에 탁월한 누군가가 갑자기 다른 부서로 옮긴다면 어떻게 될까? 부서의 장은 아쉬워하겠지만 그렇다고 대체할 존재가 없는 것은 아니다. 경제범죄수사팀에 어울리는 다른 누군가가 또 존재하기 마련이고, 그중에서 가장 탁월한 사람을 찾으면 된다. 어느 팀이든 대체할 '아무개'는 너무나도 많다.

직장 내부에서 우리는 언제든 대체될 수 있다. 10만 명이 넘는 경찰공무원 인력 중에서 '나' 하나쯤은 클릭 하나로 쉽게 인사이동이 가능하다. 게다가 이제 막 경찰 생활을 시작한 신임 순경은 가고 싶은 부서가 있다고 해서 쉽게 갈 수도 없다. 소속된 부서에서 관두고 나가도 부서에는 큰 타격이 없다.

나만의 별을 하나씩 만들자

#별이라는무기 #이어진다면 #별자리로

앞으로 30년 가까이 경찰 생활을 해야 하는데, 그저 묵묵히 자신에게 맞는 부서를 찾아 성실하게 근무하면 되는 걸까? 지금까지 살아온 날을 회상해보자. 25살이든 30살이든 중요하지 않다. 자기만의 무기를 만들기 위해 무언가를 해본 적이 있는가? 대학교에 가기 위해, 취업을 위해, 어떠한 타이틀을 갖기 위해 열심히 노력했을 것이다. 하지만 이제 시대가 바뀌었다. 직업으로 평가받기보다는 무엇을 잘하는지로 평가받는 시대가 되었다. 실제로 다양한 재능을 가진 사람들이 재능을 활용해 돈을 벌고 있다.

예를 들면 '미국변호사 김유진'이라는 유튜버가 있다. 직업은 변호사지만 새벽 4시 30분에 일정하게 일어나 어떻게 자기계발을 하는지 보여주는 유튜브 채널을 운영 중이다. 그녀는 유튜브를 통해 책도 출판했고 예능 〈유 퀴즈 온 더 블럭〉에 출연하기도 했다. 변호사라는 인식보다는 유튜버, 작가로 우리에게 좀 더 친근하게 인식된다. 유튜브라는 하나의 별을 그려놓았더니, 그 별이 책 출판과 TV 출연이라는 새로운 별로 이어지게 된 것이다. 또 현직 경찰 중에는 '뽈작가'라는 부캐를 가진 선배님이 있다. 경찰들의 이야기를 만화로 그려 연재 중인데, 글로만 봤으면 심심했을 사연을 만화로 유쾌하게 그려 큰 인기를 끌고 있다. 최근에는 그림에 글까지 더해 브런치 작가로도 활동 중이다.

변호사, 경찰이라는 직업은 충분히 대체가 가능하다. 하지만 두 사례의 주인공은 자신의 재능을 살려 누구도 대체할 수 없는 무기를 갖게 되었다. 그냥 변호사가 아니라 '새벽에 일찍 일어나는 변호사'라는 새로운 수식어가 붙었다. 마찬가지로 그냥 경찰이 아니라 '만화를 잘 그리는 부캐를 가진 경찰'이라는 수식어가 붙었다. '별'이라는 게 거창한 것이 아니다. 새벽에 일찍 일어나는 것도 하나의 별이 될 수 있고, 만화를 잘 그리는 것도 하나의 별이 될 수 있다.

당신의 직업은 무엇입니까?

#경찰이아니라 #그냥공무원입니다

직장이 아닌 밖에서 누군가와 통성명을 할 때 자주 묻고 답하는 질문 중 하나가 '직업'이다. 그런데 경찰이라는 직업은 특수성이 있어 쉽사리 말하기가 꺼려진다. 경찰도 직업 중 하나일 뿐인데 상대방이 약간 흠칫하는 것만 같고, 거리를 두는 것이 느껴진다. 그래서인지 직업이 무엇이냐는 물음에 그냥 '공무원'이라고 간단하게 대답하는 선배들도 많다. 경찰이라고 하면 사소한 행동 하나도 사람들의 입에 오르내리기 쉽기 때문이다. 언론에서도 '경찰'이라는 이유로 질타를 받는 경우가 부지기수인 것처럼.

또한 '경찰'이나 '공무원'이라고 말하는 순간 직업의 틀 안에 갇혀 평가받기 쉽다. '나'라는 사람이 무엇을 잘하는지 보지 않고 다른 부분을 확대해서 해석하는 경우가 많다. 예를 들어 경찰이라고 하면 관련 법적 지식을 완전히 암기하고 있다고 생각하거나, 공무원이라고 하면 안정적이고 정적인 사람이라고 생각한다. 심지어 가까운 친구에게 일이 힘들다고 털어놓으면 대개 이런 답변이 돌아온다. "안정적인 공무원인데 뭐가 걱정이냐?"

시대는 빠르게 변화한다
#개성 #부캐 #자아실현

시대는 너무나도 빠르게 변화한다. 그냥 '경찰' '공무원'이 아니라 특별한 수식을 붙이기 위해서는 나만의 무기를 찾아야 한다. 쉽게 대체될 수 있는 사람이 아니라, 다른 부서에 가서도 다른 사람을 쉽게 대체할 수 있는 사람이 되어야 한다.

물론 아직 수험생이라면 "아직 합격도 못했는데 무슨 무기를 만들라는 거야!"라며 동의하지 못할 수도 있다. 하지만 경찰에 합격한다고 모든 것이 보장되는 것은 아니다. 합격 후에 경찰관으로 생활하면서 승진을 하더라도, 표창을 받더라도 나만의 별자리를 가져야 함을 잊지 말자.

나답지 않게
왜 그래!

나다운 게 뭔데!

#잃어버린나를 #찾는시간

옛날 드라마를 보면 자주 나오는 대사가 있다. "너답지 않게 왜 그래?" "나다운 게 뭔데!" 이 대사에는 '너라는 사람은 원래 이러한 상황에서 이런 반응을 보이는데 왜 다른 반응을 보이느냐?'라는 의미가 담겨 있다. 평소와는 다른 상대의 모습에 적응하지 못하겠다는 반응이다. 그렇다면 나답다는 것은 어떤 의미일까? 우리는 '나다움'이라는 의미를 어떻게 생각하고 있을까?

우리는 어쩌면 긴 수험 생활로 인해 '나다움'을 잃었는지도 모른다. 나다움을 포기하고 수험서에 적혀 있는 이유대로 답을 고르는 연습만 해왔기 때문이다. 무언가를 내 손으로 선택할 때는 나만의 '이유'를 말할 수 있어야 하는데 시험 합격을 위해 그러한 기회를 포기한 것이다. 문제의 답을 고르는 이유조차 수험서에 적혀 있는 대로 받아들일 뿐이었다.

합격하고 나면 스스로 인생의 주도권을 쥐고 살아가야 한다. 내가 선택할 수 있는 범위가 늘어남으로써 어쩌면 자유롭다고 기뻐할 수도 있지만 그만큼 책임감의 범위도 늘어난다. 어떠한 상황이 닥치든 나만의 시선, 나만의 이유가 분명해야 내 선택에 후회가 남지 않을 것이다.

그게 그렇게 좋다는데 나도 한번 해볼까?

#나도한번? #이유가뭔데? #남이좋다니까

수험생 때는 합격이라는 목표 하나만을 보고 달려왔다. 합격 후 경찰이 되고 나면 스스로 선택해야 하는 일이 늘어난다. 돈을 더 많이 벌 수 있는 방법에 대해 고민하게 되고, 건강에 대한 생각도 깊어지고, 앞으로의 커리어에 대한 고민도 커진다. 너도나도 고민이 깊어지니 '누구는 ~했다더라.' 하는 말이 자주 들려온다.

가령 요즘 너도나도 한다는 주식을 예로 들어보자. "A가 B기업에 투자해서 수익이 엄청 났다던데." 하는 말이 들리면 A를 믿고 B기업에 투자하겠는가? 물론 투자하는 것은 좋다. 하지만 이유를 명확히 해야 한다. 정말 그 기업에 대해서 제대로 알고 있는지, 아니면 누가 좋다고 하니까 투자를 결심한 것인지 고민해봐야 한다. 건강에 관한 이야기도 여기저기서 들려온다. "경찰은 교대근무 때문에 건강 관리에 신경 써야 해. B라는 제품이 좋으니까 먹어봐." 이런 말을 듣고 B라는 제품을 먹겠는가? 정말 그 제품이 내 몸에 맞는지, 제품보다는 운동을 하루라도 더 해야 하는 것은 아닌지 점검해본 다음 고민해볼 문제다.

경찰 커리어에 관한 이야기도 마찬가지다. "○○부서가 승진이 잘 된다던데?" "대학원에서 공부하면 경찰 커리어에 그렇게 좋다더라." 승진에 유리하다는 이유로 그 부서를 가려고 하는가? 커리어에 도움이 된다고 해서 공부에 흥미도 없는데 대학원에 가려고 하는가? 물론 승진에 뜻이 있으니까 승진이 잘 되는 부서에 갈 수도 있고, 커리어를 쌓기 위해 대학원에 진학할 수도 있다. 그런데 남들이 그러한 선택으로 좋은 결과를 얻었다고 해서 내가 똑같은 결과를 보장받는 것은 아니다.

사소한 것 하나도 나만의 이유로 선택할 것

#백팩 #산책 #등산 #나만의시간

나는 항상 외출을 할 때면 가방 속에 책을 넣고 다녀야 마음이 편하다. 순간순간 떠오르는 생각을 기록하기 위한 다이어리, 필통도 필수다. 그래서 작은 핸드백보다는 크기가 조금 큰 숄더백이나 백팩을 선호한다. 그래서 때때로 의상과 맞지 않는 가방을 들어야 할 때가 있다. 여느 때와 같이 백팩을 메고 고등학교 친구들을 만나러 카페에 갔다. 친구들은 나에게 아직도 수험생이냐며 몸집보다 큰 백팩을 가리키며 한마디씩 했다. 가방에 뭐가 그렇게 들었길래 무겁냐며.

나는 나의 필요에 의해서 가방을 선택했다. 보통 의상을 입을 때는 그에 맞는 구색을 갖출 필요가 있다. 예를 들어 원피스를 샀는데 운동화를 신을 수는 없으니 구두까지 사게 되는 것처럼. 그런데 원피스와 구두까지 갖추고 나니 가방도 여기에 어울리는 것을 찾게 된다. 사회생활을 하다 보면 명품가방 하나씩은 있어야 한다며, 격식 있는 자리에 참여할 때 필요하다며 하나씩 구매하는 경우가 있다. 하지만 굳이 '하나쯤 있어야 하니까.' 하는 이유로 구매할 필요가 있을까?

자극으로부터 벗어나 나만의 시간을 갖자

#진부한말 #그래서진리

"시간을 따로 마련해 나만의 시간을 많이 가져라." 지겹도록 많이 들어온 말이고 진부하게 느껴지는 말이다. 이미 공부하면서 지겹도록 혼자인데 또 나만의 시간을 가지라니. 이토록 지겨운 말이 또 있을까? 하지만 여기서 말하는 나만의 시간은 여러 자극으로부터 멀어지는 것을 의미한다. 항상 우리는 사람과 사람 사이에서 일을 한다. 경찰도 연구를 하는 부서를 제외하고는 끊임없이 사람과 마주한다. 직장 선배들과 매일 마주하고, 좋은 일이든 나쁜 일이든 민원인과 마주한다. 이제 막 경찰 생활을 시작한 신임 경찰이라면 민원인에게서 얻는 에너지보다는 빼앗기는 에너지가 훨씬 많을 것이고, 직장 선배들도 대하기 어려울 것이다.

방 안에서 혼자 멍하니 있어도 좋고, 가족과 같이 산다면 가까운 공원을 산책해도 좋다. 휴일에 혼자 등산을 가는 것도 좋다. 어떠한 고민거리나 선택을 해야 할 문제가 있다면 조용한 공간에서 홀로 해답을 찾기 위해 묻고 답해보자. 다른 사람들의 이야기를 많이 들어보는 것도 중요하지만, 그 이야기를 바탕으로 '나만의 이유'를 찾아야 한다.

나다워지는 것도 연습이 필요하다. 선택을 해야 하는 순간이라면 나에게 충분한 시간, 이유를 만들 시간을 주자. 스스로 책임질 수 있는 선택을 내리는 연습을 해보는 것이다. 그것이 나다워지는 지름길이 아닐까.

그래서
지금은 어때요?

합격 후 1년이 지났다. 마냥 수험생일 것만 같았던 내가 중앙경찰학교에 입교했다. 마냥 중앙경찰학교 교육생일 것만 같았던 내가 졸업 후 파출소, 경찰서에서 근무하고 있다. 수험생 때는 근무복이 정말 입고 싶었고 매일매일 일하고 싶었다. 남들 다 쉬는 날에도 순찰차만 태워주면 휴일 없이 일할 수 있겠다는 생각이 들었다. 수험생 때는 매일매일이 쉬는 날이었기 때문이다.

하지만 막상 경찰이 되고 나니 근무복은 사복보다 불편하고, 빨간 날에는 쉬고 싶다. 새해에는 공휴일이 며칠이나 되는지 세어보고, 언제 연가를 써야 할지 고민에 빠진다. 경찰이 되면 굉장히 특별한 삶을 살 것만 같았다. 내가 입고 싶었던 옷, 가고 싶었던 여행, 먹고 싶었던 음식을 아무런 걱정 없이 모두 다 입고, 가고, 먹을 줄 알았다. 하지만 수험생 시절과 마찬가지로 경제적인 이유로 결정을 미루는 경우가 많다.

수험생 때보다 시간은 더 빨리 간다. 출근하면 오늘 하루가 막막한데 막상 정신없이 일하다 보면 어느새 퇴근 시간이다. 월요일이면 일주일이 또 언제 가나 싶지만 정신없이 일하다 보면 토요일이 코앞이다. 그렇게 일주일을 보내고 나면 금방 한 달이 지나고 두 달이 지난다. 수험생 때 써놓았던 버킷리스트, 올해에 하고 싶었던 목표는 가득한데 시간은 너무나도 빠르게 흘러간다. 물론 수험생 때보다 자유로운 것은 사실이지만 사무실 내의 일정표를 다음 달로 바꿀 때면 나도 모르게 놀랄 때가 많다. '벌써 또 한 달이 지났다고?'

나는 아직도 모르는 것이 많은 신임 순경이다. 그럼에도 벌써 다음 기수가 실습을 하고 있고, 중앙경찰학교는 또 다음 기수가 입교했다. 아직 나는 적응할 시간이 필요하고 알아야 할 것도 많은데 시간이 기다려주지 않는 느낌이랄까. 빠르게 흘러가는 시간 속에서 그 속도에 나를 맞춰 살아가야 한다.

혹자는 일할 때보다 수험생 때가 훨씬 더 행복했다고 말한다.

하지만 그것은 복에 겨운 소리가 아닌가 싶다. 수험생 때는 꿈에서도 공부를 했고, 그런 날엔 자고 일어나도 개운하지 않았다. 물론 경찰이 된 지금도 퇴근 후 지쳐 쓰러져 잠에 들면 꿈속에서 일을 할 때가 많다. 그래도 역시 공부할 때보다는 지금이 훨씬 자유롭다.

그런데 나는 여전히 불안하다. 빠르게 다음 달로 넘어가는 달력을 볼 때면 시곗바늘의 밧줄에 묶여 질질 끌려가는 느낌을 받는다. 나이가 어느 정도 되었으니 결혼도 해야 하고, 집도 마련해야 한다. 과제는 아직도 산적해 있다. 여기저기서 친구들의 결혼 소식과 출산 소식이 들려온다. 이번에 운 좋게 집을 마련했다는 소식도 들리고, 아직 돈이 부족해 전세로 시작한다는 소식도 들려온다. 경찰 조직 내에서의 승진도 부시할 수 없다. 승진 시즌이 되면 너도나도 공부하느라 바빠진다. 주변 사람들이 바쁘니 나까지 덩달아 초조해진다.

그래서 지금도 여전히 불안하다. 안정적인 직장에 있지만 불안하다. 그러니 이 글을 읽는 이가 수험생이든, 합격한 경찰이든, 혹은 다른 어떤 직업을 가진 독자든 마음속에 불안감이 도사리고 있는 것은 당연한 일이라고 말하고 싶다. 우리가 잘못된 것이 아니다. 안정적인 직장에 속해 있는 나도 이렇게 불안하니 말이다. 그동안 열심히 살아온 내 또래의 언니, 오빠, 동생들을 응원하고 싶다. 이러한 불안감 속에서도 우리는 여전히 잘 살기 위해 충분히 노력하고 있으니까. 그러니 행복할 자격은 충분하다.

늘새벽

Q&A

저자와의
인터뷰

Q. 이제 막 고등학교를 졸업하고 경찰공무원 시험을 준비하려고 합니다. 그런데 대학을 나오지 않은 것이 경찰 생활을 하는 데 문제가 되나요?

A. 주변에 고등학교를 졸업하자마자 시험을 준비하고 빠르게 붙은 동기들이 많습니다. 대학교를 나오지 않았다고 해서 불이익이 있거나 선입견이 있거나 하지는 않아요. 물론 좋은 대학 출신이면 입에 오르내리기도 합니다. 그럼에도 가장 중요한 것은 실력과 인성입니다. 중앙경찰학교 교수님께서도 대학을 나오지 않은 동기에게 '실력' '인성'이 가장 중요하다고 조언해주셨습니다. 개인적으로 대학교, 대학원은 경찰 합격 후 공부하고 싶

은 분야가 명확해졌을 때 병행하는 것이 좋다고 생각합니다. 단지 학벌을 위한 대학교 진학은 지양해야 한다는 생각입니다.

Q. 학원과 인강 중에 뭐가 낫나요?

A. 시험 때마다 나오는 질문입니다. 학원이 더 좋은지, 인강이 더 좋은지 확실한 것은 없습니다. 오로지 본인의 성향에 따라 선택해야 하는 문제입니다. 학원이 더 관리를 잘하고 더 많은 내용을 알려주지는 않습니다. 인강으로 올라오는 영상도 모두 학원에서 찍은 것이니까요. 물론 관리형 학원에 가면 스케줄 관리가 용이하겠지만 의지만 있다면 스터디 모임 등으로 스스로 충분히 시간을 통제할 수 있습니다. 결국 선택의 문제입니다. 의지가 부족하고 많은 사람이 함께 있는 공간에서 공부하고 싶다면 학원에 가는 것이 좋고, 혼자서 최대의 효율을 낼 수 있다면 인강이 좋습니다.

Q. 단권화는 꼭 필요한 작업인가요?

A. 공부를 시작한 지 얼마 안 되었는데 단권화(여러 권의 책을 한 권으로 요약하거나 합치는 것)를 하려고 하면 부담이 클 수 있어요. 공부를 하다 보면 지식이 쌓이고 쌓여서 '내용을 요약해 정리할 필요가 있겠다!' 하는 시점이 옵니다. 처음부터 단권화를 시

작하면 두꺼운 기본서를 하나 더 만드는 꼴밖에 되지 않습니다. 일단 차근차근 기본서를 보고, 기출문제를 풀고, 동형모의고사 오답을 정리합시다. 그러다 나중에 필요해지면 단권화를 하면 됩니다.

Q. 시험 당일 컨디션을 유지하는 팁을 알려주세요.

A. 시험 당일에는 누구나 긴장합니다. 긴장을 너무 많이 해서 집 중력이 흐트러진다면 청심환, 커피, 자양강장제 등의 도움을 받 곤 합니다. 그런데 일단 자신의 몸에 맞는지 직접 실험해봐야 합니다. 경찰 시험은 아니었지만 저 역시 자양강장제가 좋다는 말에 한 번에 들이켜고 시험을 봤다가 화장실 문제로 도중에 나온 적이 있습니다. 청심환도 모의시험을 치면서 먹어봤는데 너무 졸려서 저랑은 안 맞더라고요. 너무 긴장할 필요는 없습니 다. 가능하다면 되도록 평소대로 시험장에 가는 것이 좋습니다.

Q. 불합격 후에 멘탈 관리는 어떻게 하셨나요?

A. 사실 불합격 후에는 멘탈 관리가 참 힘듭니다. 그동안 해왔던 것을 고스란히 처음부터 6개월간 반복해야 하기 때문입니다. 그 중압감은 이루 말할 수 없습니다. 어떤 위로의 말도 들리지 않을 것입니다. 동기 부여를 위해서는 내가 '왜' 이 힘든 시험

공부를 다시 시작해야 하는지 고민해봐야 합니다. 그동안 공부한 것이 아깝다는 이유만으로는 부족합니다.

Q. 체력학원을 꼭 가야 하나요?

A. 수험 생활을 막 시작했을 때만 해도 제 체력은 과락 수준이었습니다. 그래서 체력학원을 가야 하나 고민도 많았지만 거리가 너무 멀어 혼자 체력을 키웠습니다. 혼자 팔굽혀펴기, 윗몸일으키를 50개씩 할 수 있는 수준까지 끌어올린 다음에야 체력학원에 등록했습니다. 하지만 체력학원에서 센서로 개수를 정확히 확인하는 것과 집에서 혼자 개수를 세어보는 것은 달랐습니다. 5~10개 정도 차이가 났는데요. 만약 제가 다시 수험 생활로 돌아간다면 체력학원에서 운동하는 방법을 먼저 익힌 후 혼자 가까운 헬스장에 다닐 것 같습니다. 체력학원은 보통 노량진, 신림 등 특정 지역에 몰려 있기 때문에 거리가 먼 수험생은 지속적으로 출석할 수가 없습니다. 따라서 1~2개월 정도 학원에서 운동방법을 배우고 혼자 체력을 키운 뒤, 필기시험 두 달 전부터 센서 측정 감각을 익히는 것을 추천합니다. 특히 악력은 단기간에 쉽게 오르지 않기 때문에 운동방법을 정확하게 숙지하는 게 좋아요. 참고로 1,000m 달리기는 연습만 하면 대부분 완주할 수 있지만, 100m는 조금 타고나야 합니다.

Q. 필기시험 이후에 체력시험, 면접시험을 보는 동안 무엇을 하면 좋을까요?

A. 필기시험 이후에 무엇을 하면 좋을지 묻는 경우가 많은데요. 점수가 불안한 수준이라면 다음 필기시험 공부를 같이 병행하면서 체력시험, 면접시험에 대비해야 합니다. 그것이 아니라면 그동안 하고 싶었던 일을 조금씩 해도 됩니다. 체력시험, 면접시험을 준비하는 기간이 사실 시간적으로 가장 여유로운 시기입니다. 중앙경찰학교에 입교한 뒤에는 이만한 시간을 누리기가 어렵습니다. 단순히 놀고, 게임하고, 술을 마시기보다는 자신에게 의미 있는 무언가를 하기 바랍니다. 저는 못 읽었던 책을 원 없이 읽으며 시간을 보냈습니다. 꼭 무언가를 하나 해야 한다면 운전 연습을 추천합니다. 중앙경찰학교에서는 운전할 수 있는 기회가 너무 부족하더라고요. 손에서 놓아버리면 감을 잃는 것이 운전이기 때문에 언제 어디서든 운전대를 잡을 수 있도록 감을 키워놓기 바랍니다.

Q. 드디어 합격했습니다! 입교 전 일주일 동안 무얼 하셨나요?

A. 저는 못 만났던 친구를 만나고, 부모님과 시간을 보내고, 책을 읽으면서 보냈습니다. 그런데 만약 다시 그 시절로 돌아간다면 가까운 곳이라도 '혼자' 여행을 떠나볼 것 같아요. 꼭 외국이 아니더라도 어디든 가서 혼자만의 시간을 가질 것 같습니다. 합격

을 했다는 성취감과 중앙경찰학교에 대한 설렘만을 가지고 있는 상태지요. 무언가를 해야 한다는 걱정도 없는 시기입니다. 이 시기에 혼자 낯선 곳을 거닐면서 그동안 고생한 자신을 보듬어주는 시간을 가지면 어떨까요?

Q. 곧 중앙경찰학교에 입교합니다. 준비물은 뭐가 좋을까요?

A. 한동안 중앙경찰학교 밖으로 나올 수 없다는 생각에 이것저것 캐리어에 넣는 경우가 많습니다. 짐을 챙기다 보면 이것도 필요할 것 같고 저것도 필요할 것 같지요. 그런데 중앙경찰학교를 졸업할 때쯤이면 버릴 물건이 훨씬 더 많이 나옵니다. 짐은 최소한으로 가지고 가는 게 좋습니다. 합격 후 받은 월급으로 자유롭게 택배를 시킬 수 있기 때문입니다. 당장 필요한 필수품이 아닌 이상 모든 짐은 최소한으로 가져가는 것이 좋습니다. 중앙경찰학교의 사물함과 책상은 공간이 그렇게 여유롭지 않습니다.

Q. 중앙경찰학교를 졸업할 때쯤이면 처음 입었던 근무복이 작아진다는데 진짜인가요?

A. 1단계 이후에는 밥 먹고, 수업 듣는 스케줄이 반복되다 보니 살이 찌기도 합니다. 중앙경찰학교는 급식이 정말 맛있게 잘 나오

고, 동기들과 매점에도 자주 가게 됩니다. 그러나 독하게 마음 먹고 살을 빼는 동기도 많습니다. 긴장을 푼 채 운동을 하지 않으면 중앙경찰학교 체력시험이 정말 힘들 거예요. 걱정 없이 즐기는 것도 좋지만 적당히 먹고 건강하게 운동하는 생활 루틴을 유지하기 바랍니다. 저도 너무 잘 먹는 바람에 아침, 저녁으로 중앙경찰학교 운동장을 뛰었던 기억이 있네요. 개인 시간에 짬을 내 운동을 하는 것도 좋습니다.

Q. 이제 실습을 나갑니다. 무엇을 준비해야 할까요?

A. 아무것도 모르는 상태에서 무언가를 준비한다는 자체가 참 어려운 것 같아요. 굳이 하나 고르라면 운전 실력이고, 나머지는 그때그때 배워나가면 됩니다. 돌이켜보면 선배님들이 하시는 것을 그대로 따라 하고 습득하는 자세가 중요한 것 같습니다. 특히 멘토님과 대화하는 시간을 많이 가져야 합니다. 확실히 이론으로 배우는 것과 현장에서 직접 해보는 것은 많이 다르더라고요.

Q. 지구대, 파출소에서 야간근무 때 야식을 먹나요?

A. 드시고 싶은 분은 드세요. 가끔 팀 전원이 먹을 때도 있고요. 그때그때 다릅니다. 꼭 야식을 먹으라고 강요하지는 않습니다. 아

무리 일을 한다고 해도 밤에 속이 더부룩한 분도 있으니까요.
저도 야식을 먹는 편은 아닌데 가끔씩 먹곤 합니다.

Q. 신고를 받고 나갔는데 아무것도 모르면 뻘쭘하게 있어야 하나요?

A. 현장에서는 한마디 한마디를 조심스럽게 해야 합니다. 말을 잘
못하면 신고자가 오해를 할 수도 있고, 문제를 해결하기 위해
왔는데 되레 신고자와 말싸움이 생기는 경우도 있더라고요. 그
래서 선배님들을 잘 지켜보고 어떤 방식으로 사건을 처리하는
지 기억해두는 것이 좋습니다. 신임 경찰이 가장 쉽게 할 수 있
는 일은 인적사항 파악이라고 생각합니다. 내가 도저히 할 수
있는 일이 없다고 생각되면 주변 사람들의 인적사항이라도 빠
르게 파악해놓는 것이 좋습니다.

Q. 제가 나이가 많은데, 나이 어린 선배는 어떻게 대해야 할까요?

A. 나이가 어리다고 말을 놓는다거나 막 대하는 경우는 보지 못했
습니다. 대부분 서로 존댓말로 존중해주는 분위입니다. 나이와
상관없이 'ㅇㅇ순경님'이라는 호칭을 쓰기 때문에 불편한 점은
없습니다. 그냥 선배님이라고 생각하고 계급으로 불러주시면
좋을 듯합니다. 제가 겪어보니 의외로 '선배님'이라는 호칭은
잘 사용하지 않습니다. 경찰에겐 계급이 있으니까요!

Q. 경찰관들은 꾸준히 운동을 하나요?

A. 제 주변에 있는 동기, 선배님들은 꾸준히 운동을 합니다. 교대 근무, 당직근무가 필수인 경찰관에게는 기초체력이 참 중요합니다. 확실히 운동을 한 다음 날과 운동을 하지 않은 다음 날은 컨디션의 차이가 크더라고요. 기술적인 운동도 중요하지만 기초체력도 꾸준히 관리해야 합니다.

Q. 실습 때는 순찰차 뒷자리에 많이 탄다는데, 갇히는 경우도 있나요?

A. 네, 혼자 갇히는 경우도 있습니다. 오랜 시간은 아니지만 급박한 현장에서는 선배님들께서 저를 잊고 내리시는 경우도 있습니다. 참 애매한 상황입니다. 일이 바쁘게 돌아가는데 문 열어 달라고 전화하기도 그렇고요. 내리기 직전에 최대한 분주한 듯이 인기척을 내거나, 뒤에 사람이 있음을 알리는 것이 중요합니다. 또 순찰할 때 뒷좌석에 타면 멀미도 많이 나고, 식사 이후에는 심지어 졸리기까지 합니다. 간단하게 껌을 챙겨놓으면 뒷좌석에서도 무리 없이 순찰을 돌 수 있습니다.

Q. 부서를 여러 군데 경험하고 싶은데 자주 옮겨도 되나요?

A. 중앙경찰학교 교수님께서도, 현직 선배님들도 보통 기본은 3년이라고 말씀해주십니다. 3년이 너무 길다면 적어도 1년은 경

험해봐야 합니다. 보통 아르바이트는 1~2개월이면 금방 적응하지요? 심지어 일주일이면 전체적인 업무 파악이 가능합니다. 하지만 경찰 일은 아르바이트와 달라요. '이제 좀 알겠다.' 싶으면 내가 알지 못하는 새로운 것이 계속 생겨납니다. 일이 항상 쳇바퀴처럼 돌아가는 것이 아니라 제도도 바뀌고, 운영방법도 조금씩 달라지니까요. 일주일에 한 번씩은 꼭 새로운 과제와 직면하게 되는 것 같습니다.

Q. 공부와 병행하면서 하기 좋은 아르바이트를 추천해주세요.

A. 저는 돈도 돈이지만 시간도 중요하다고 생각합니다. 그래서 주로 혼자 할 수 있는 아르바이트를 선택했어요. 누군가와 같이 일하게 되면 여유 시간을 활용하기 힘들거든요. 문구점 아르바이트를 하면서 손님이 없을 때는 간단한 암기를 할 수 있었고, 독서실 아르바이트를 할 때는 틈틈이 공부할 수 있었어요. 화상교육 아르바이트는 멘탈과 시간 관리에 큰 도움이 되었어요. 초등학생 아이들을 화상으로 가르치는 아르바이트였는데 업무시간과 쉬는 시간의 분리가 명확했고, 아이들의 에너지에 오히려 경제적, 정신적으로 많은 도움을 받았습니다.

90년대생
경찰일기

초판 1쇄 발행 2021년 5월 15일
초판 3쇄 발행 2023년 7월 5일

지은이 | 늘새벽
펴낸곳 | 원앤원북스
펴낸이 | 오운영
경영총괄 | 박종명
편집 | 이광민 최윤정 김형욱 김슬기
디자인 | 윤지예 이영재
마케팅 | 문준영 이지은 박미애
등록번호 | 제2018-000146호(2018년 1월 23일)
주소 | 04091 서울시 마포구 토정로 222 한국출판콘텐츠센터 319호(신수동)
전화 | (02)719-7735   팩스 | (02)719-7736
이메일 | onobooks2018@naver.com   블로그 | blog.naver.com/onobooks2018
값 | 15,000원
ISBN 979-11-7043-204-3 03320